Schlösser im Loiretal

Schlösser im Loiretal

Texte
Jean-Marie Pérouse de Montclos
Fotografien
Robert Polidori

KÖNEMANN

Hinweis:
Die mit einem * markierten Begriffe finden sich
im Glossar auf S. 357.

Fotonachweis:
Giraudon, S. 25, 226, 309
Jean-Yves Bourgain, S. 36

Übersetzung, Redaktion und Satz der deutschen Ausgabe:
Dr. Jörg Meidenbauer Verlagsbüro, München
Umschlaggestaltung: Peter Feierabend
Herstellungsleitung: Detlev Schaper
Druck und Bindung: Mateu Cromo
Printed in Spain
ISBN 3-09508-597-9

Inhalt

Marche de
Bretagne
Maine
Anjou
To
Poitou
Vendée
Aunis
Atlantischer
Ozean
Laval
Le Mans
Verdelles
Château-
Gontier
Saint-Ouen
Mortier-Crolles
Châteaubriant
Segré
La Flèche
Le Lude
Le Plessis-Bourré
Le Plessis-Macé
Baugé
Angers
Montgeoffroy
Serrant
Ancenis
Brissac
Boumois
Saumur
Montsoreau
Les Réaux
Ussé
Langeais
Luynes
Tour
Villandry
Azay-le-
Rideau
Chinon
Champigny-
sur-Veude
Nantes
Goulaine
Montreuil-Bellay
Cholet
Oiron
Bressuire
Châtellerault
La Roche-sur-Yon
Parthenay
Poitiers
Les Sables-d'Olonne
Fontenay-le-Comte
Niort
La Rochelle
Lac de
Grand-Lieu
Seiche
Semnon
Vilaine
Don
Canal de Nantes à Brest
Edre
Loire
Gudon
Mayenne
Erve
Sarthe
Huisne
Loir
Lathan
Authion
Layon
Èvre
Sèvre Nantaise
Boulogne
Dive
Vienne
Argenton
Thouaret
Thouet
Vie
Yon
Grand Lay
Lay
Vendée
Sèvre Niortaise
Vonne
Clain
Clouère
Boutonne
Charente

Orléanais
Gâtinais
Blésois
Sologne
Sancerrois
Nivernais
raine
Berry
Brenne
Marche
Châteaudun
Orléans
Montargis
Vendôme
Talcy
Poissonnière
Lavardin
Beaugency
Sully-sur-Loire
Gien
Menars
Bonhôtel
Blois
Chambord
Beauregard
Villesavin
Cheverny
Chaumont
Amboise
Chanteloup
Fougères-sur-Bièvre
Le Gué-Péan
Le Moulin
Romorantin-Lanthenay
Chenonceaux
Selles-sur-Cher
Valençay
Loches
Vierzon
Mehun-sur-Yèvre
Bourges
Boucard
Cosne-Cours-sur-Loire
Nevers
Jussy-Champagne
L'Isle-Savary
Argy
Le Grand Pressigny
Villegongis
Issoudun
Châteauroux
Meillant
Saint-Amand-Mont-Rond
Ainay-le-Vieil
Le Blanc
Sarzay
Le Châtre
Montmorillon
Montluçon
Bellac
Loire
Loir
Braye
Cisse
Loiret
Cosson
Beuvron
Grande Sauldre
Petite Sauldre
Cher
Indre
Canal d'Orléans
Canal du Berry
Canal de Briare
Canal latéral de la Loire
Essonne
Ouanne
Loing
Nièvre
Allier
Airain
Auron
Arnon
Théols
Creuse
Claise
Gartempe
Anglin
Höhe in Metern:
100
200
500
Maßstab in Kilometern:
0
10
20
Im Text beschriebenes Schloß
Paris
Orléans
Nantes
Poitiers
Clermont-Fd
Bordeaux
La Bastie d'Urfé

ZEITTAFEL ZUR GESCHICHTE DER KÖNIGE VON FRANKREICH

987	Wahl von Hugo Capet zum König. Beginn der Dynastie der Kapetinger.
987–1040	Fulco Nerra ist Herzog von Anjou.
1023	Entstehung des Herzogtums Blois-Champagne.
1066	Wilhelm, Herzog der Normandie, wird König von England.
1095	Aufruf zum Ersten Kreuzzug.
1118	Gründung des Templerordens.
1122	Suger wird Abt von Saint-Denis.
1129	Vermählung der englischen Thronerbin Mathilde mit Geoffroy V. Plantagenet, dem Herzog von Anjou.
1137	Vermählung von Eleonore von Aquitanien mit Ludwig VII.
1152	Ludwig VII. verstößt Eleonore von Aquitanien. Sie heiratet Henri Plantagenet, Herzog der Normandie, der 1154 als Heinrich II. König von England wird.
1163	Beginn der Bauarbeiten an Notre-Dame in Paris.
1179	Krönung von Philipp II. August.
1187–1188	Philipp II. August erobert das Berry und besetzt die Touraine.
1197	Der englische König Richard Löwenherz steht gegen Philipp II. August.
1199	Johann Ohneland wird Nachfolger von Richard Löwenherz.
1205	Philipp II. August erobert Touraine und Anjou.
1214	Französischer Sieg in der Schlacht von Bouvines.
1245	Bau der Sainte-Chapelle in Paris.
1248	Ludwig IX. der Heilige bricht zum Kreuzzug auf.
1270	Ludwig IX. der Heilige stirbt in Tunis.
1307	Zerschlagung des französischen Tempelritterordens.
1328	Philipp VI. von Valois kommt an die Macht. Eduard III., König von England, erhebt Anspruch auf die französische Krone.
1356	Schlacht von Poitiers, König Johann der Gute gerät in Gefangenschaft. Der Thronfolger Karl wird Regent im Königreich.
1358	Der Kaufmann Etienne Marcel wiegelt Paris gegen den Thronfolger auf.
1363	Johann der Gute stirbt in London.
1368	Der Krieg zwischen Frankreich und England bricht erneut aus.
1370	Duguesclin wird Connétable.
1380	Karl V. stirbt.
1392	Karl VI. wird wahnsinnig.
1408–1416	Das Stundenbuch *Les très riches heures du duc de Berry* entsteht.
1414	Der englische König Heinrich V. beansprucht das französische Erbe der Plantagenets.
1415	Schlacht von Azincourt.
1422	Heinrich V. von England stirbt im Schloß von Vincennes. Karl VI. stirbt.
1429	Jeanne d'Arc trifft am Hof in Chinon den Thronfolger Karl.

1431	Jeanne d'Arc wird in Rouen verbrannt.
1436	Karl VII. nimmt Paris ein.
1453	Schlacht von Formigny, Ende des Hundertjährigen Krieges.
1480	René d'Anjou, Herzog der Provence und König von Jerusalem, stirbt.
1484	Anjou wird Teil des französischen Kronlandes.
1489–1490	Die ersten sechs Bände der *Erinnerungen* von Commynes entstehen.
1491	Die Franzosen besetzen die Bretagne. Anne de Bretagne heiratet Karl VIII.
1495	Karl VIII. kommt nach Neapel, er trägt den kaiserlichen Mantel und die vierfache Krone von Frankreich, Neapel, Jerusalem und Konstantinopel. Schlacht von Fornoue.
1512	Frankreich verliert die Ansprüche auf Italien.
1515	Schlacht von Marignano.
1515–1524	Im Schloß von Blois wird der Flügel Franz I. errichtet.
1519	Chambord wird gebaut. Leonardo da Vinci stirbt in Clos-Lucé.
1524	Bayard stirbt im Piemont.
1525	Schlacht von Pavia: Franz I. wird gefangengenommen.
1527	Die Truppen von Kaiser Karl V. plündern Rom im *Sacco di Roma*.
1532	Rabelais: *Pantagruel*.
1534	Rabelais: *Gargantua*.
1546	Die Bauarbeiten am Louvre beginnen.
1549	Du Bellay: *Défense et illustration de la langue française*.
1554	Clément Marot stirbt.
1560	Joachim du Bellay stirbt.
1562	Massaker unter den Hugenotten von Vassy.
1562–1598	Religionskriege.
1572	Bartholomäusnacht.
1580	Montaigne: *Essais*.
1585	Pierre de Ronsard stirbt.
1588	Der Herzog von Guise wird ermordet.
1589	Katharina von Medici stirbt.
1593	Heinrich IV. wird in Chartres gekrönt.
1598	Edikt von Nantes.
1600	Heinrich IV. heiratet Maria von Medici.
1610	Heinrich IV. wird ermordet.
1635	Gründung der Académie Française.
1636	Corneille: *Le Cid*.
1637	Descartes: *Discours de la méthode*.
1642	Richelieu stirbt.
1643	Ludwig XIII. stirbt, Anna von Österreich übernimmt die Regentschaft.
1643	Schlacht von Rocroi.
1648	Westfälischer Friede.

1659	Pyrenäen-Frieden.
1661	Beginn der persönlichen Herrschaft Ludwig XIV.
1662	Pascal stirbt.
1664	Colbert wird Oberintendant des königlichen Bauwesens.
1666	Molière: *Le Misanthrope*.
1671	Gründung der Architekturakademie.
1673	Molière stirbt.
1677	Racine: *Phèdre*.
1683	Colbert stirbt.
1684	Pierre Corneille stirbt.
1685	Das Edikt von Nantes wird aufgehoben.
1690	Le Brun stirbt.
1699	Racine stirbt.
1700	Lenôtre stirbt.
1702–1704	Aufstand der *Camisards* genannten calvinistischen Bauern.
1708	Jules Hardouin-Mansart stirbt.
1715	Ludwig XIV. stirbt.
1734	Montesquieu: *Considérations*.
1742	Jacques-Ange Gabriel wird Erster Architekt des Königs.
1745	Beginn der Epoche der Madame de Pompadour..
1751	Der erste Band der *Encyclopédie* von Diderot und d'Alembert erscheint.
1761	Rousseau: *La Nouvelle Héloïse*.
1762–1768	Gabriel erbaut das Petit Trianon.
1766	Lothringen wird an Frankreich angeschlossen.
1770	Boucher stirbt.
1774	Ludwig XV. stirbt.
1777	La Fayette landet in Amerika.
1778	Jean-Jacques Rousseau und Voltaire sterben.
1789	Eröffnung der Generalstände. Sturm auf die Bastille.
1793	Ludwig XVI. wird hingerichtet.
1799	Staatsstreich des 18. Brumaire.
1804	Krönung Napoleons.
1805	Sieg von Austerlitz.
1814	Napoleon dankt ab.
1815	Schlacht von Waterloo.
1825	Louis David stirbt.
1830	Karl X. dankt ab.
1848	Der „Bürgerkönig" Ludwig Philipp wird gestürzt.
	Ausrufung der Republik.
	Staatsstreich von Ludwig Napoleon Bonaparte.

GENEALOGIE DER KÖNIGE VON FRANKREICH

I. MEROWINGER

Chlodwig
(481–511)

II. KAROLINGER

Karl der Große
(771–814)

III. ROBERTINER

Robert der Tapfere
Graf von Paris

1. Odo von Paris
Herzog von Neustrien,
Graf von Paris,
Wahlkönig von Frankreich
(888–898)

2. Robert I.
(922– 923)

Hugo der Große
(† 956)
Graf von Paris,
Herzog von Burgund

Emma
heiratet:
3. Rudolf von Burgund
König von Frankreich (923–936)

Hugo Capet

siehe IV. Direkte Kapetinger

IV. DIREKTE LINIE DER KAPETINGER

1. Hugo I. Capet
(reg. 987–996)

2. Robert II. der Fromme
(reg. 996–1031)

3. Heinrich III.
(reg. 1031–1060)

Robert I. der Alte
(† 1076)
Herzog von Burgund

BURGUNDISCHE LINIE DER KAPETINGER

4. Philipp I.
(reg. 1060–1108)

5. Ludwig VI. der Dicke
(reg. 1108–1137)

6. Ludwig VII. der Junge
(reg. 1137–1180), heiratet
- Eleonore von Aquitanien, geschieden
- Konstanze von Kastilien
- Adele von Champagne

Robert der Große
(† 1188)

BRETONISCHE LINIE DER KAPETINGER

7. Philipp II. August
(reg. 1180–1223)

8. Ludwig VIII. der Löwe
(reg. 1223–1226),
heiratet Blanca von Kastilien

9. Ludwig IX. der Heilige
(reg. 1226–1270),
heiratet Margarete von Provence

Robert
(† 1250)
Herzog von Artois

ARTOIS–KAPETINGER

Alfons
(† 1271)
Graf von Poitiers,
heiratet Jeanne, die
Erbin von Toulouse,
ohne Nachkommen

Charles
(† 1285), Graf von Anjou,
König von Sizilien, verheiratet mit
- Beatrice von Provence
- Margarete von Burgund

ANJOU-KAPETINGER

10. Philipp III. der Kühne
(reg.1270–1285), heiratet:
- Isabella von Aragon
- Maria von Brabant

Isabelle
heiratet Theobald V.
von Champagne,
König von Navarra

Robert
(† 1318),
Graf von Clermont,
heiratet die Erbin der Bourbonen

siehe VIII. BOURBONEN

11. Philipp IV. der Schöne
(reg. 1285–1314),
heiratet Johanna I. von Navarra
und Champagne

Charles
(† 1328)
Graf von Valois

siehe V. VALOIS

Margarete
heiratet Eduard I. von Plantagenet

PLANTAGENETS

12. Ludwig X.
(reg. 1314–1316)

Isabelle
heiratet Eduard von Plantagenet

PLANTAGENETS

14. Philipp V. der Lange
(reg. 1316–1322)
heiratet Johanna, die Erbin
von Artois-Franche-Comté

15. Karl IV. der Schöne
(reg.1322–1328), heiratet:
- Blanche von Franche-Comté (geschieden)
- Maria von Luxemburg
- Johanna von Evreux

Johanna
Königin von Navarra (1328–1349),
heiratet Philippe von Evreux

13. Johann I.
(reg. 1316)

V. DIREKTE LINIE DER VALOIS

Karl
(† 1325)
Sohn des Königs Philipps III. des Kühnen,
Graf von Valois, heiratet:
- Margarete, die Tochter Karls II., König von Neapel
- Katharina von Couthenay, die Tochter von Philipp, Kaiser von Konstantinopel
- Mathilde oder Mahaut, die Tochter von Guy III. von Châtillon-Saint-Pol

1. Philipp VI.
(reg. 1328–1350), heiratet:
- Johanna, Tochter von Robert II., Graf von Burgund
- Blanca, Tochter Philipps III. König von Navarra

Blanche
heiratet Karl von Luxemburg, der als Karl IV. Kaiser des Heiligen Römischen Reiches Deutscher Nation wird

2. Johann II. der Gute
(reg. 1350–1364), heiratet:
- Judith (die Gute), Tochter von Johann von Luxemburg, König von Böhmen
- Johanna, Tochter Willhelms XII. Graf von Auvergne

Philippe
(† 1375)
Herzog von Orléans

3. Karl V. der Weise
(reg. 1364–1380), heiratet:
- Johanna, die Tochter von Pierre I. Herzog von Bourbon

Louis I.
(† 1384)
Herzog von Anjou

ANJOU-LINIE DER VALOIS

Jean
(† 1416)
Herzog von Berry

Philippe der Kühne
(† 1404)
Herzog von Burgund

BURGUNDISCHE LINIE DER VALOIS

4. Karl VI.
(reg. 1380–1422),
heiratet Isabella von Bayern, die Tochter Stephans III. von Bayern

Louis
Herzog von Orléans (1392–1407)
heiratet Valentina Visconti, Tochter von Gian Galeazzo Visconti, Herzog von Mailand

siehe: VI. ORLÉANS DER VALOIS

Jean
(†1467)
Graf von Angoulême

siehe: VII. ANGOULÊME-LINIE DER VALOIS

5. Karl VII.
(reg. 1422–1461), heiratet Maria
Tochter von Ludwig II. von Anjou, König von Neapel

6. Ludwig XI.
(reg. 1461–1483) heiratet:
- Margarete, Tochter von Jakob I., König von Schottland
- Charlotte, Tochter von Louis, Herzog von Savoyen

Charles
(† 1472)
Herzog von Berry, Herzog von Normandie, Herzog von Guyenne, ohne Nachkommen

Anne
(† 1522), heiratet 1474
Pierre II. de Beaujeu,
Herzog von Bourbon (1488–1503),
Regentin (1483–1491)

Johanna
(Heilige Johanna von Frankreich)
(† 1505), heiratet 1476
Ludwig XII., König von Frankreich
(geschieden 1498)

7. Karl VIII.
(reg. 1483–1498),
heiratet 1491 Anne († 1514),
Tochter von François II.
Herzog von Bretagne

VI. VALOIS ORLÉANS

Louis
Herzog von Orléans,
Sohn Karls V.

Charles der Dichter
(† 1465)
Herzog von Orléans

1. Ludwig XII.
Herzog von Orléans,
König von Frankreich (1498–1515)
heiratet:
- Johanna, Tochter von Ludwig XI.
- Anne, Herzogin von Bretagne
- Maria, Tochter von Heinrich VII. König von England

Claudia
(† 1524),
heiratet Franz I.,
König von Frankreich

VII. VALOIS ANGOULÊME

Louis
Herzog von Orléans,
Sohn Karls V.

Jean
(† 1467)
Graf von Angoulême

Charles
(† 1496) Graf von Angoulême,
heiratet Louise, Tochter von Philippe, Herzog von Savoyen, Regentin von Frankreich

1. Franz I.
Graf von Angoulême (1496–1547), König von Frankreich (1515–1547), heiratet:
- Claudia, Tochter von Ludwig XII.
- Eleonore, Tochter von Philipp I. König von Spanien

2. Heinrich II.
(reg. 1547–1559),
heiratet Katharina,
Tochter von Lorenzo II. de' Medici

Margarete
heiratet Heinrich II. von Albret,
König von Navarra

Johanna von Albret
(† 1572) heiratet Anton von Bourbon, König von Navarra

siehe VIII. BOURBONEN

3. Franz II.
(reg. 1559–1560)
heiratet Maria, Tochter von Jakob V. Stuart, König von Schottland

Elisabeth
heiratet Philipp II., König von Spanien

4. Karl IX.
Herzog von Orléans (1550–1560),
König von Frankreich (1560–1574),
heiratet Elisabeth, Tochter von Kaiser Maximilian II.

5. Heinrich III.
Herzog von Anjou (1551–1576),
Herzog von Orléans (1560–1574),
König von Frankreich (1574–1589),
heiratet Louise, Tochter von Nicolas, Herzog von Lothringen

François
(† 1584),
Herzog von Alençon,
Herzog von Anjou

Margarete
(Königin Margot)
heiratet 1572
Heinrich von Navarra,
die Ehe wird 1599 annulliert

VIII. BOURBONEN

1. Heinrich IV.
Sohn von Anton von Bourbon und Johanna von Albret, König und Königin von Navarra, als Heinrich III. König von Navarra, Herzog von Bourbon (1562–1589), König von Frankreich und Navarra (1589–1610), heiratet:
- Margarete von Valois (Königin Margot), die Tochter von Heinrich II.
- Maria von Medici (1600)

2. Ludwig XIII.
König von Frankreich und Navarra, heiratet Anna von Österreich (1610–1643)

Elisabeth
heiratet Philipp, König von Spanien

Marie-Christine
heiratet Victor-Amadeus I. von Savoyen

Gaston
(† 1660)
Herzog von Orléans, heiratet:
- Marie von Bourbon-Montpensier
- Margarete von Lothringen

Henriette
heiratet Karl I. von England

3. Ludwig XIV.
König von Frankreich und Navarra (1643–1715), heiratet Maria-Theresia von Österreich

Philippe
(† 1701) Herzog von Orléans, heiratet:
- Henriette von England
- Charlotte, Prinzessin der Pfalz

siehe IX. ORLÉANS

Louis
(† 1711),
Thronfolger, heiratet Maria-Anna-Christine von Bayern

Louis
(† 1712)
Herzog von Burgund, Thronerbe, heiratet Marie-Adelaïde von Savoyen

Philipp
(† 1746)
Herzog von Anjou, König von Spanien

SPANISCHE BOURBONEN

Charles
(† 1714)
Herzog von Bayern

4. Ludwig XV.
Herzog von Anjou, dann Thronfolger (1712–1715), König von Frankreich und Navarra (1715–1774), heiratet Maria Leszczynska

Louis
(† 1765)
Thronfolger, heiratet:
- Maria-Theresia von Spanien
- Maria-Josepha von Sachsen

5. Ludwig XVI.
zunächst Ludwig August, Herzog von Berry dann Thronfolger (1765–1774), König von Frankreich u. Navarra (1774–1791), König der Franzosen (1791–1792), heiratet Marie-Antoinette von Österreich

6. Ludwig „XVII."
Thronfolger (1789–1793), dann „König" (1793–1795)

7. Ludwig XVIII.
Graf von Provence, „König" von 1795–1824, tatsächlich von 1814–1815 und von 1815–1824, heiratet Louise-Maria von Sardinien-Savoyen

8. Karl X.
(† 1836)
Herzog von Artois, König von Frankreich (1824–1830) heiratet Maria-Theresia von Sardinien-Savoyen

Louis-Anton
(† 1844)
Herzog von Angoulême

Charles-Ferdinand
(† 1820), Herzog von Berry, heiratet Marie Caroline von Bourbon-Sizilien

Henri V.
(† 1883),
Herzog von Bordeaux, Graf von Chambord

IX. ORLÉANS

1. Ludwig Philipp
(† 1850)
Nachkomme von Ludwig XIII.
Herzog von Orléans (1793–1830),
König der Franzosen (1830–1848)

EINLEITUNG

Typische Landschaft am Mittellauf der Loire. Blick von den Gärten von Schloß Menars.

Die Bezeichnung „Loireschloß" ist keine klare Definition. Das kleine Schloß an der Quelle des Flusses in Ligeret, abgeleitet von *Liger*, dem lateinischen Namen der Loire, könnte freilich damit gemeint sein. Verallgemeinernd versteht man darunter aber alle Schlösser, die sich entlang der Loire, an ihren Nebenflüssen oder auch nur in deren Nähe erheben. Im Schnittpunkt geographischer und historischer Daten liegt hier ein Gebiet, das von einem dichten Netz berühmter Schlösser überzogen ist: das Tal der Loire. Der Strom hat sich hier sein Bett gegraben: Im Sommer schlängelt er sich nur dahin, doch nach der Schneeschmelze brandet seine Flut gegen die Dämme. Hier spielt auch die Geschichte der Loire als Residenz der Könige, als Garten Frankreichs, als Region der bildenden Kunst, der Literatur und als Wiege der Renaissance. Aber auch unabhängig von seiner Entfernung von dem berühmten Tal kann ein Schloß noch „Loireschloß" genannt werden — in den Reiseführern der Fremdenverkehrsämter oder auf den Meßtischblättern der Kartographen. Wie aber verhält es sich mit den anderen Schlössern, die in diesem königlichen Stil, der überall in Frankreich verbreitet war, erbaut wurden? Am Lignon liegt beispielsweise das berühmte, im Schäferroman *Astrée* beschriebene Schloß La Bastie d'Urfé, das zu den Meisterwerken der Renaissance gehört. Es wird aber meist nicht zu den Loireschlössern gezählt, da der Lignon oberhalb von Roanne noch als reißendes und nicht schiffbares Wildwasser in die Loire strömt.

Tapisserie mit einer Szene aus dem Schäferroman Astrée *(um 1640), aufbewahrt in Schloß Blois. Dieser Roman von Honoré d'Urfé erschien 1607 und 1610. Er erzählt von der Liebe von Astrée und Céladon am Ufer des Lignon, eines Nebenflusses der Loire, in dessen Nähe das Schloß La Bastie d'Urfé liegt. Der Roman war außergewöhnlich erfolgreich und unterhielt zahllose Abendgesellschaften auf den Schlössern an der Loire.*

Müßte man den Verlauf der Loire durch drei Punkte markieren, so wären dies die Städte Roanne, Orléans und der Zusammenfluß mit der Maine bei Angers. Diese drei Orte sind identisch mit den Meilensteinen in der Geschichte der Loire. In Roanne hat der Fluß bereits 200 Kilometer zurückgelegt, es bleiben noch 800 schiffbare Kilometer. Die Stadt liegt 100 Kilometer Luftlinie von der Saône entfernt. Mit nur einer Umladestation führte so eine durchgehende Wasserstraße von Amboise, wo Karl VIII. seinen ersten Italienfeldzug begann, bis nach Neapel, an sein Ziel.

Das Schloß von Angers wurde während der Kindheit Ludwigs IX. des Heiligen errichtet. Angers lag an der westlichen Grenze des Kapetingerreiches, das hier vom Herzog der Bretagne und vom König von England bedroht war.

In prähistorischer Zeit flossen Loire und Seine zusammen; aus dieser Zeit stammt der bogenförmige Flußverlauf, dessen Mitte und Norden Orléans markiert. Die Domäne, das Land, das im Mittelalter direkt dem König unterstand, verband die beiden Flüsse zwischen Paris und Orléans. Hier nahm die mächtige Dynastie der Kapetinger ihren Anfang und erlangte bald die Herrschaft über die Herzöge und Grafen im Reich.

In der Renaissance wurde den Unabhängigkeitsbestrebungen eines der letzten Herzöge durch eine Hochzeit ein jähes Ende bereitet, als Karl VIII. 1491 Anne, die Erbin der Bretagne, heiratete. Das Herzogtum Bretagne, dessen Hauptstadt Nantes an der Loire liegt, begann unterhalb des Zusammenflusses mit der Maine. Da über den gemeinsamen Zufluß der Maine die Sarthe und der Loir gespeist werden, verfügt der Unterlauf der Loire über ausreichende Wasserführung und ist noch schiffbar. Der Strom wird zudem noch aus den Schluchten des Zentralmassivs gespeist und schneidet sich stellenweise in das Armorikanische Massiv ein.

Offenbar gab die Geschichte den Launen des Flusses ebenso nach, wie sich die königliche Domäne seinen Pegelständen anpaßte. Gleich dem Hoch- und Niedrigwasser der Loire war man zwar ständig um Gebietserweiterungen bemüht, doch öfter wurde Gebiet abgetreten, was weniger eine Folge verlorener Kriege, als vielmehr des Gesetzes der Apanage war: Diese war Reichsgebiet, das der Monarch seinen Brüdern und jüngeren Söhnen übergab; blieben männliche Nachkommen aus, fiel es an die Krone zurück. Das Gebiet um Orléans gehörte unter Hugo Capet zum Königreich.

Aus der Konkurrenz zwischen Orléans und Paris als Hauptstadt ging Paris im 13. Jahrhundert als Sieger hervor, auch wenn die Könige ihre Residenz noch öfter in das Loiretal verlegen mußten. 1344 wurde das Herzogtum Orléans gegründet, das erst an die Krone zurückfiel, als sein Herzog als Ludwig XII. (1498) den Königsthron bestieg. Der Titel „Herzog von Orléans“ wurde auch den Brüdern Ludwigs XIII. und Ludwigs XIV. verliehen und blieb deren Nachkommen vorbehalten. Allerdings diente dieser Ehrentitel im Laufe der Jahre als Deckmantel für Intrigen und Verschwörungen, wie beispielsweise dem „Bürger Egalité“ Philipp von Orléans während der Revolution oder zuletzt dem „Bürgerkönig“ Ludwig Philipp (1830–1848).

Der Ständesaal in Blois. In dieser großen Halle kamen die Generalstände in den Jahren 1576 und 1588 zusammen.

Die Grafschaft Blois, die während der Herrschaft der Kapetinger einer der mächtigsten Feudaldynastien gehörte, wurde 1391 an den Herzog von Orléans verkauft, der damit sein Herzogtum erweiterte. Die Touraine, erst Grafschaft, dann Herzogtum, wurde Mitte des 13. Jahrhunderts Krongut und hatte ein ähnliches Schicksal wie das Herzogtum Orléans. Die Apanage fiel regelmäßig an die Krone zurück, während mit dem Titel weiter Mißbrauch getrieben wurde. Das Anjou, ebenfalls an den Ufern der Loire gelegen, durchlief eine vergleichbare, aber von stärkeren Schwankungen geprägte Entwicklung.

Donjon und Kapelle von Schloß Châteaudun.*

Als Hugo Capet den Thron bestieg, wurde sein mächtiger Vasall Fulco Nerra Graf von Anjou. Im Tal befehdeten sich die Grafen von Anjou und von Blois. Das erste Herrscherhaus von Anjou, Fulco und Plantagenet, stellte Könige für Jerusalem und London. Henri, Graf von Anjou, Herzog der Normandie und ab 1154 als Heinrich II. König von England, kam durch die Ehe mit Eleonore in den Besitz von Aquitanien. Die Kämpfe zwischen dem französischen und dem englischen Königshaus dauerten bis Mitte des 15. Jahrhunderts fort. 1205 machte Philipp II. August Anjou wieder zum Krongut. 1246 übergab Ludwig der Heilige die Grafschaft seinem Bruder Karl, der König von Sizilien wurde. Seine Nachfahren verbreiteten den Namen Anjou bis nach Ungarn und Polen. 1289 übernahmen die Valois Anjou zusammen mit der Krone. 1360 wurde für Ludwig, den Sohn Johanns II. (des Guten), das Herzogtum Anjou gegründet. Nach dem Tod des „guten Königs" René, nominell König von Sizilien, fiel es 1481 endgültig an die Krone zurück. Der Titel „Herzog von Anjou" war weit bekannt. Ihn trugen Heinrich, erst König von Polen und dann als Heinrich III. König von Frankreich, und der spanische König, ein Enkel Ludwigs XIV. Fast wäre so das Castel Nuovo in Neapel, gegen Ende des 13. Jahrhunderts von den Anjou erbaut, unter die Loireschlösser eingereiht worden!

Man würde das Loiretal gerne mit den Herzogtümern Orléans, Touraine und Anjou als einen Kulturraum betrachten. Westlich davon bildete bis zum Ende des Ancien Régime die Bretagne mit eigener Identität und Souveränität eine klare Grenze. Berry dagegen, stromaufwärts gelegen und von den linksseitigen Nebenflüssen der Loire durchströmt, muß aber mit dazugerechnet werden. Unter Herzog Jean war es das Zentrum einer Frührenaissance, die noch die Schlösser der Hochrenaissance beeinflußte. Johann II. der Gute erhob 1360 für seinen Sohn Jean das Berry zum Herzogtum. Glücklicherweise blieb er ohne Nachkommen, so daß Berry an die Krone zurückfiel und den Valois als Zufluchtsort und Hauptstadt im Kampf gegen die Engländer diente. Karl VII. erhielt den Beinamen „König von Bourges". Mit Nevers an der Loire und Moulins am Allier, dem linksseitigen Hauptzufluß, könnten das Nivernais und das Bourbonnais, die oberhalb von Berry liegen, ebenfalls zum Großraum der Loire zählen; einige Fremdenführer bezeichnen das Schloß Nevers als „echtes Loireschloß". Gleiches gilt für Schloß Moulins, in dem Anne von Frankreich, besser bekannt als Anne de Beaujeu, erstmals mit der italienischen Renaissance in Berührung kam. Sie war die Gemahlin von Pierre von Beaujeu, Herzog von Bourbon, und regierte für den minderjährigen Karl VIII. während des Feldzugs nach Neapel.

Die Renaissance ist aber nur ein Teil der Kunstgeschichte des Loiretals. Schon immer besetzte man die leicht zu verteidigenden Hügel in Gewässern und auf Hochebenen, die das Tal beherrschen. Noch heute unterscheidet man Wasser- und Höhenburgen. Letztere wurden auf den Vorsprüngen der Plateaus angelegt, die die Nebenflüsse an ihren Einmündungen mit der Loire bilden.

Schloß Langeais, für Ludwig XI. in dem von ihm bevorzugten nüchternen Stil erbaut.

Vor den Burgen liegen tiefe Wehrgräben, architektonische Meisterwerke im Fels, die oft auch das Material für die Überbauung lieferten. Dennoch sind die Burgen vor dem 10. Jahrhundert wohl kaum aus Stein erbaut worden; dieses Baumaterial wird erst seit Beginn der Kapetingerzeit (987) verwendet. Zu den ersten Burgen in Steinbauweise zählen die des Grafen von Blois, Thibaud „der Mogler" genannt, in Blois, Chinon und Châteaudun. Châteaudun, Hauptstadt des Dunois, gehörte den Grafen von Blois und liegt am Loir, der fast parallel zur Loire verläuft. Zahlreiche Titel der Familie hingen an diesem im Norden gelegenen Schloß. Die ältesten noch erhaltenen Donjons* in Langeais und Loches gehen auf Fulco Nerra, den Grafen von Anjou (spätes 10./frühes 11. Jahrhundert), zurück. Der Bergfried von Loches ist in mehrfacher Hinsicht beispielhaft: Der riesige, quadratische Turm erhebt sich senkrecht über dem tiefen Wehrgraben.

Ein zweiter Turm, kleiner und rechteckig, führt zu dem hochangelegten Eingang. In Amboise, Montrésor und Montbazon ist von den Bauten Fulco Nerras nichts mehr erhalten. Die unteren Abschnitte des Donjon in Beaugency entstanden wahrscheinlich zur selben Zeit wie der Burgturm von Loches. Die wichtigste Neuerung in der Geschichte

Der große Saal auf Schloß Amboise.

Der Eingang zum Treppenhaus auf Schloß Verdelles; ein gutes Beispiel für den Flamboyantstil.*

RECHTE SEITE: *Der Herzog von Berry am Tisch, eine Darstellung des Monats Januar aus* Les très riches heures *des Herzogs von Berry, Anfang 15. Jahrhundert. Musée Condé, Chantilly.*

der Donjons war der Wechsel vom rechteckigen zum runden Grundriß. Wenn die Baumeister von Philipp II. August diese Neuerung auch nicht erfunden hatten, so erhoben sie diese doch zum Bauprinzip. Der Turm von Coudray auf Schloß Chinon wurde unter Phlipp II. errichtet (1205). Der Donjon des Grafen von Blois in Châteaudun ist möglicherweise früher entstanden. Im gräflichen Schloß von Blois befindet sich der älteste noch erhaltene Ständesaal vom Beginn des 13. Jahrhunderts. Einige Jahrzehnte später, in der Kindheit Ludwigs IX. des Heiligen, wurden die königlichen Burgen Saumur und Angers errichtet, die auf beiden Ufern des Flusses das von Philipp II. August eroberte Anjou bewachten. Saumur wurde in der Folgezeit stark umgebaut. Die Burg, die nur zur Verteidigung und nicht als Residenz diente, ist kaum noch zu erkennen. In Angers dagegen sind die wichtigsten Befestigungsanlagen noch erhalten.

Zwischen dem Bau der Festung in Angers um 1230 und der Gründung der Herzogtümer Anjou und Berry um 1360 ereignete sich in der Geschichte der Burgen an der Loire nichts Erwähnenswertes. Stabile Verhältnisse in der Provinz und eine mächtige Hauptstadt prägten das 13. Jahrhundert als Epoche Ludwigs IX. des Heiligen. Der hochgotische Stil, der sich um 1230 in der königlichen Abtei Saint-Denis entwickelte, zeigte sich im Loiretal nur an Kirchen. Die Thronbesteigung des Hauses Valois (1328), der bedeutendsten Loire-Dynastie, blieb ohne unmittelbaren Einfluß, sieht man vom Hundertjährigen Krieg ab, der die Bautätigkeit erheblich bremste. Mit der Gründung der Herzogtümer Anjou und Berry durch Johann II. (der Gute) 1360 entstanden dagegen Apanagen, die zu Glanzlichtern des Staates und Zentren des Flamboyantstils* wurden. Der Frieden unter Karl V. (1364 – 1380) begünstigte diesen typisch französischen Stil der Spätgotik. Zwar ist das Werk des Königs im wesentlichen von Frankreich und Paris geprägt, doch hat die Loire das Schaffen seiner Brüder, der Herzöge, beeinflußt. Die *Très riches heures*, das prächtig

aproche aproche

Das Schloß in Saumur wurde von Herzog Louis d'Anjou erbaut, dem Bruder von König Karl V. und von Herzog Jean de Berry. Dieses Schloß ist ein gutes Beispiel für den Baustil der Prärenaissance in der zweiten Hälfte des 14. Jahrhunderts. Im Vordergrund eine Bastion vom Ende des 16. Jahrhunderts.

illuminierte Stundenbuch des Herzogs von Berry, erinnert an die prunkvollen Schlösser des Königs (Louvre, Vincennes) und an die der Herzöge. Von dem einst schönsten Bau, Mehun-sur-Yèvre, stehen nur noch Ruinen. Die Ausstattung, die Jean de Berry in Auftrag gegeben hatte, um die alte Festung bewohnbar zu machen, ist völlig verschwunden. Die Front des leicht einzunehmenden Zugangs zeigte kleine Mauerdurchbrüche. Die Türme trugen eigentümliche Aussichtstürmchen mit Lichtgaden*. Ähnliche Mauern findet man heute nur noch in den Kirchen (Bourges, Tours), in Saumur, dem Schloß des Herzogs von Anjou, im Schloß Châteaudun, das der Mitstreiter Jeanne d'Arcs von seinem Halbbruder, dem Herzog von Orléans, erhielt, und in Bourges im Haus des Jacques Cœur, des Schatzmeisters des Königs, aus der Mitte des 15. Jahrhunderts. Er ist der berühmteste Repräsentant des Bürgertums, das im Dienst des Königs aufgestiegen war und jetzt auch die Ränge der großen Feudalherren einnahm.

Der Hundertjährige Krieg war zwar beendet, doch die Lage blieb angespannt. Karl VII. hatte Bourges verlassen, das dem verfeindeten Burgund zu nahe war, und residierte in Chinon. Dort traf er Jeanne d'Arc — diese Begegnung bestimmte sein weiteres Schicksal. Jacques Cœur, der die finanziellen Mittel zur Rückeroberung des Königreichs beschaffte, glaubte, die gute alte Zeit der Herzöge sei zurückgekommen — ein fataler Irrtum. Mit seinem Prozeß und der Konfiskation seiner Güter begann eine Periode der nüchternen Bauten, da alle verfügbaren Mittel in den Wiederaufbau gesteckt wurden. Diese Epoche wurde von der Sparpolitik Ludwigs XI. (1461–1483) geprägt. Das bedeutendste seiner Schlösser an der Loire ist Langeais, dessen wehrhafte Fassade aber den Anschein erweckt, als sei sie mitten im Krieg entstanden. Das kleine Schloß Plessis-lès-Tours wirkt gefälliger, doch muß man sich die Eisengatter hinzudenken, mit denen es Ludwig XI. befestigen ließ. Commynes verglich sie mit den Eisenkäfigen, in die Ludwig XI. seine Gefangenen einsperren ließ.

In dieser Epoche zwischen Mittelalter und Renaissance verloren die alten Burgen ihre militärische Funktion — als Residenz der Landesherren wurden sie zu Schlössern ohne

Fortifikation. Plessis-lès-Tours war typisch für die neue Mode der Landsitze. König René war der Vorreiter dieses Stils, als er seine großen Festungen im Anjou zugunsten unbefestigter Landsitze aufgab. Diese als bürgerlich zu bezeichnen, wäre bei dem nominellen König von Sizilien nicht eben angebracht. Dagegen trifft es bei seinem Cousin, dem König von Frankreich, durchaus zu. Ludwig XI. umgab sich mit Bürgerlichen, zu denen auch sein Schatzmeister Jean Bourré gehörte. Bourré trug der Sparsamkeit des Königs Rechnung, indem er eine sehr schlichte Bauweise wählte. Beim Schloß Plessis-Bourré

Das Schloß Chambord. Es wurde für Franz I. erbaut und ist das vollkommene Beispiel eines Königsschlosses der Renaissance im Loiretal.

Schloß Chenonceaux, am Cher gelegen. Im Vordergrund der Trakt, den sich Thomas Bohier zu Beginn des 15. Jahrhunderts auf den Fundamenten einer Mühle erbauen ließ. In der Mitte die Brücke mit der doppelstöckigen Galerie, die für Diane de Poitiers und Katharina von Medici in der zweiten Hälfte des 16. Jahrhunderts entworfen wurde.

setzte er die Wirkung von Luft und Licht ein. Im Stil vergleichbar ist das Schloß Gien der Anne de Beaujeu. Es besteht nahezu vollständig aus Ziegeln, die — naturbelassen und glasiert — emblematische Ornamente formen. Hier deutete sich der kommende Erfolg der zwar preiswerten, aber dennoch dekorativen Ziegelsteine an.

Lange Zeit setzte man den Beginn der französischen Renaissance mit der Volljährigkeit Karls VIII. (1491) und seinem ersten Italienfeldzug (1495) gleich. Dies schien berechtigt, da sich damals ein neuer Stil durchsetzte. Aber zuallererst bezog sich diese Veränderung auf die Lebensart und nicht auf die Architektur. Der Bau seines Schlosses in Amboise war auch schon weit fortgeschritten, als der König nach Italien zog. Im übrigen pflegte Karl VIII. einen sehr eklektizistischen Stil: Der Einfluß Flanderns ist in Amboise deutlicher als der Italiens. Aus den wiederbelebten Ornamenten des Flamboyant* entwickelte sich die Renaissance der Valois. Sie wurde zum typischen Stil im Loiretal, wo die Könige ihre Residenzen hatten und die Kunst der Herzöge zu Hause war. Die Veränderungen zeigten sich vor allem am beträchtlich gewachsenen Hofstaat. In seinem Schloß in Blois bemühte Ludwig XII. 322 Kammerherren, Bedienstete, Kammerdiener und weitere Pagen für den persönlichen Dienst.

Wir haben heute keine Vorstellung mehr davon, wie stark die Zahl der Schlösser zunahm. Von zweien der größten, Le Verger und Bonnivet, und dem modernsten, Bury, gibt es kaum noch Überreste. Mit dem Bau

Schloß Oiron. Die Galerie wurde in der Mitte des 16. Jahrhunderts von Noël Jallier für Claude Gouffier, den großen Schatzmeister, ausgemalt. Der Zyklus, einer der wichtigsten der französischen Renaissance, zeigt die Geschichte Troias.

von Bury hatte Florimond Robertet, ein Finanzier, den man als Premierminister Ludwigs XII. bezeichnen kann, 1511 begonnen. Die regelmäßige Anlage des Hofs, die symmetrische Gestaltung der Fassaden und die in die Mitte des Gebäudekörpers integrierten gegenläufigen Treppenrampen* bezeichnen eine entscheidende Entwicklung. Die Bauten von Ludwig XII. und Franz I. in Blois erstaunen zwar durch ihre Pracht, die größten Neuerungen aber stammen von den Epigonen Jacques Cœurs: von Robertet in Bury, von Bohier in Chenonceaux und von Berthelot in Azay-le-Rideau, das glücklicherweise erhalten blieb. Es ist der Juwel unter den Loireschlössern vom Beginn der Regentschaft von Franz I. Hier trifft man, wenngleich einige Jahre später, auf den neuen Stil von Bury. Das ungewöhnlichste Schloß ist jedoch dem König zu verdanken. Es gibt kaum Zweifel, daß die Pläne für das 1519 begonnene Schloß Chambord von Leonardo da Vinci stammen; da dieser aber zu Baubeginn starb, bestehen über die Umsetzung seiner Ideen nur Spekulationen.

Mit seinem Tod näherte sich die prunkvolle Epoche ihrem Ende. Franz I. wurde besiegt und kam bei Pavia in Gefangenschaft (1525). Nach seiner Freilassung wählte er Paris zur Hauptresidenz. Diese Entscheidung war für die Schlösser der Île-de-France allerdings vorteilhafter als für die Paläste in Paris. Eine unmittelbare Folge war die Verurteilung des Oberschatzmeisters Jacques de Beaune-Semblançay, der, obwohl derselben Vergehen bezichtigt wie Jacques Cœur, weniger Glück hatte als dieser: Er starb auf dem Schafott.

Mit ihm wurde das Netz der Finanzfamilien aus der Touraine zerschlagen, die unter Ludwig XI. immer mächtiger geworden waren. Die Familien Bohier und Berthelot mußten ihre Schlösser dem König überlassen. Dennoch sollte sich die Bautätigkeit im Loiretal noch einige Jahre lang fortsetzen. Das Schloß von Chambord wurde erst nach der Niederlage von Pavia fertiggestellt. Die Terrassenanlage auf seinem Dach mit ihrem gassenartigen Charakter war berühmt und erinnerte stark an die Flamboyanttürme des Herzogs Jean de Berry. Alle nach 1530 entstandenen Schlösser wie die in Villandry, Valençay, Beauregard, Villegongis und Serrant zeigen die für den Loirestil charakteristische architektonische Ordnung von Blois: Pilaster* zusammen mit den Doppelgesimsen*, die die einzelnen Geschosse abtrennen, bilden ein Schachbrett, und viele Details sind dem Renaissancestil entlehnt. Gelegentlich finden sich Neuerungen von ungewisser Herkunft: Anregungen aus der Île-de-France oder Einflüsse aus der Region. In Villesavin wurde ein nur eingeschossiger Bau mit Walmdach errichtet, in Villandry ersetzten große Pavillons von quadratischem Grundriß die üblichen Rundtürme an den Ecken. Ist es Zufall, daß beide Schlösser dem Kabinettssekretär Jean Breton gehörten? Île-de-France und Loiretal näherten sich im Stil an — so gibt es kaum Unterschiede bei der Inneneinrichtung. Die beachtliche Gemäldegalerie in Oiron folgt dem Stil Fontainebleaus. Hofkünstler aus Fontainebleau oder Saint-Germain wurden mit der Ausschmückung der Kapellen, Kabinette und Kamine in Beauregard beauftragt.

Im 17. und 18. Jahrhundert begnügte man sich meist damit, die Schlösser des 15. und 16. Jahrhunderts zu modernisieren. Man riß einen Flügel ab, um den Hof zu öffnen, setzte die Hauptfassade instand und teilte die Innenräume neu auf, um die alten Schlösser bewohnbar zu machen. Schloß Le Lude ist dafür ein gutes Beispiel. Gleichzeitig bauten Gabriel und Soufflot, die berühmtesten Architekten der Epoche, für die Marquise de Pompadour und den Marquis de Marigny, ihren Bruder und Erben, das Schloß Menars um. Sein gelungenerer Teil aber sind die Gärten. Von dieser unspektakulären Anlage hebt sich Cheverny ab, das trotz der Umbauten im 18. Jahrhundert ein anschauliches Beispiel für ein Schloß des beginnenden 17. Jahrhunderts ist. Eine Erwähnung in der Architekturgeschichte würde aber nur das Schloß Richelieus (überdies mehr vom Poitou geprägt als zur Loire gehörig) verdienen. Aber schon im 17. Jahrhundert wurde es als sehr abgelegen betrachtet. La Fontaine meinte über die Stadt, die Richelieu um das Schloß herum bauen wollte: „Es könnte bald die schönste Stadt der Welt sein." Richelieu hätte „einen anderen Ort wählen sollen ... aber er wollte seine Geburtsstätte ehren und sah sich daher verpflichtet, den Bau um das Zimmer, in dem er geboren wurde, zu errichten" (Brief vom 5. September 1663). Diese Beobachtung traf auf das gesamte Loiretal zu, doch wurde es schon zu lange bewohnt, um mit einem Mal verlassen zu werden. Einige Herrscherhäuser hatten hier ihre Wurzeln und hielten den Ursprungsort ihres Namens in Ehren.

Das wurde im 19. Jahrhundert deutlich, als die großen Aristokratenfamilien der Restauration auf ihre Ländereien zurückkehrten und im Anjou zahlreiche Schlösser im Stil der Neorenaissance errichteten. Man findet viele dieser Bauten auch heute noch in der Sologne, einem Naturgebiet im Süden von Orléans, zwischen der Loire und dem Cher und nördlich von Berry gelegen, dessen systematische Wiederaufforstung und die Nähe zu Paris die passionierten Jäger anzieht.

Die Sologne hat eine vielschichtigere Bevölkerungsstruktur als das Anjou — mit der Eisenbahn fanden sich hier auch die Industriemagnaten ein. Das bedeutendste Jagdschloß der Sologne wurde gegen Ende des 19. Jahrhunderts im Stil von Chambord erbaut. Es liegt 20 Kilometer von Bon Hôtel, dem Königsschloß, entfernt.

Der Stil der Loireschlösser breitete sich auch jenseits des Ärmelkanals (wie Waddesdon Manor zeigt) in ganz Europa und in aller Welt aus. Dieses Thema wäre aber ausreichend, um ein weiteres Buch zu füllen.

Detail einer Decke in Schloß Cheverny. Die Struktur der Unterzüge und Deckenbalken liegt offen, man nennt dies eine französische Decke. Dieser Deckentypus, der oft bemalt wurde, verschwand bis zur Mitte des 17. Jahrhunderts allmählich aus der französischen Architektur.

LINKE SEITE: *Ein Kamin der Galerie auf Schloß Oiron.*

Ainay-le-Vieil

NEBENSTEHEND:
Außenansicht des Schlosses.

RECHTE SEITE:
Treppenturm mit dem Haupteingang. In der Kapelle im oberen Teil die Prianten von Jacqueline de l'Hospital und Charlotte Lorfèvre, der Mutter und der Ehefrau von Gilbert de Bigny, der die Kapelle 1530 erbauen ließ; im unteren Teil zwei Szenen aus der Kindheitsgeschichte Jesu, 17. Jahrhundert.*

In alphabetischer Reihenfolge beginnen wir am Oberlauf des Cher in der ehemaligen Provinz Bourbonnais, weit entfernt von den großen Schlössern des königlichen Loiretals. Ainay-le-Vieil liegt ohne natürliche Verteidigungselemente in der Ebene. Wahrscheinlich entstand es aus einer gallisch-römischen Villa mit Landwirtschaft, die später befestigt wurde. Heute besteht es aus einer mehreckigen Ringmauer mit Rundtürmen an den Ecken. Im Inneren, an zwei Kurtinen* gefügt, steht ein Wohnhaus mit zwei vorspringenden Flügeln und einem Treppenturm im Mauerwinkel. Der Bau der Ringmauer läßt sich nicht genau datieren. Die Burgvogtei wurde im späten 12. Jahrhundert erwähnt und gehörte den Bourbonen. Mitte des 12. Jahrhunderts ging sie auf die mächtige Familie Sully über, Ende des 14. Jahrhunderts dann auf die Familie Culan. Möglicherweise stammt die Ringmauer aus der Mitte des 14. Jahrhunderts, als die Engländer im Berry und in das Gebiet der Bourbonen einfielen.

Nach den Jahreszahlen und den Wappen auf dem Gebäude ließen hier drei Generationen der Bigny bauen: Charles de

NEBENSTEHEND:
Prianten von Claude de Bigny und Gilbert de Bigny. Die Bilder von Vater und Sohn sind die Pendants zu denen ihrer Ehefrauen (vorhergehende Seite) auf den beiden Seiten der Kapelle.

RECHTE SEITE:
Kapelle: Malerei des 17. Jahrhunderts. Glasfenster des Glasmachermeisters Jean Lescuyer aus der ersten Hälfte des 16. Jahrhunderts.

Der Kamin im großen Salon mit dem französischen Wappen mit den Initialen „L A" von Ludwig XII. und Anne de Bretagne.

Chevenon, Herr von Bigny, der das Schloß 1467 erwarb, sein Sohn Claude und sein Enkel Gilbert. Allerdings könnten Datumsangaben und Wappen auch nachträglich hinzugefügt sein oder nur den Bauteil betreffen, der sie trägt. Ebensogut könnte man den den Wohntrakt auf den berühmten Jacques Coeur, den Finanzminister Karls VII., zurückführen, der Ainay 1443 gekauft hatte. Noch im selben Jahr und nach etwa weiteren zehn Objekten erwarb Jacques Coeur in Bourges das Gelände für den Bau seines berühmten Stadtpalais, mit dem der Flamboyantstil* in Ainay verwandt ist. Die gedrehten Säulen im oberen Teil des Treppenturms ähneln denen des benachbarten Schlosses Meillant aus dem ersten Jahrzehnt des 16. Jahrhunderts. Damals entstand auch der große Kamin in Ainay, der mit den Buchstaben „L A“ an den Empfang von Ludwig XII. und Anne de Bretagne durch Claude de Bigny erinnert. Den Schlußstein* der Kapelle schmücken die Wappen von Claude de Bigny und seiner Frau Jacqueline de L'Hospital sowie die von Gilbert de Bigny und seiner Gemahlin Charlotte Lorfèvre. Die beiden Paare ließen sich als Prianten* um 1530 auf den Mauern der Kapelle darstellen. 1609 wurde diese mit einem bemerkenswerten Dekor ausgemalt, das erst die jüngsten Renovierungsarbeiten unter Malereien des 19. Jahrhunderts freilegten. Der Marquis Jean-Baptiste de Bigny ließ in der 2. Hälfte des 19. Jahrhunderts „Restaurierungsarbeiten“ durchführen, die den Bau stark veränderten. Die beiden Loggien der Fassade ähneln der Loggienfassade des Schlosses Blois und könnten im 19. Jahrhundert angebaut worden sein. Auch die Lukarnen* wurden wohl damals umgestaltet.

Amboise

Karl VIII., der in dem 1431 von der Familie d'Amboise konfiszierten Schloß geboren wurde, begann nach der Heirat mit Herzogin Anne de Bretagne (1491) mit dem völligen Neubau. Sein Werk blieb unvollendet, da Karl mit dem Kopf an einen niedrigen Türsturz im Schloß stieß und an den Folgen starb (1498). Das alte Schloß, das Karl VIII. zunächst herrichten ließ, erhob sich auf einem Felsvorsprung, der Stadt und Loire beherrschte. Das neue Schloß wurde nicht hier, sondern im ehemaligen Wirtschaftshof errichtet, um das Plateau besser zu nutzen. Die beiden Haupttrakte errichtete man auf den

Links der Flügel Karls VIII, der die Stadt und die Loire überragt (Baubeginn 1492); rechts der Flügel Ludwigs XII. und Franz' I., der auf die Gartenseite führt. Ludwig XII. begann die Bauarbeiten und Franz I. vollendete sie um 1520.

LINKE SEITE:
Im Vordergrund die Loire, dahinter die Stadt. Im Hintergrund das Schloß mit dem Flügel Karls VIII. und links sein Garten. In der Mitte der große Minimes-Turm, in dessen Innerem eine Rampe den Zugang vom Fluß bis hinauf auf den Burgberg zu Pferd ermöglicht.

Steilufern: der eine stand zur Loire hin, der andere, bekannt als „Haus der sieben Tugenden" (es war mit den Statuen der Tugenden geschmückt), gegenüber. Das Hauptgeschoß des Gebäudes zur Loire hin mit seinem großen Saal blieb trotz der Restaurierungsarbeiten im 19. Jahrhundert fast völlig erhalten. Im „Haus der sieben Tugenden" (zerstört) befanden sich im Hauptgeschoß zu beiden Seiten eines anderen Saals die Gemächer des Königs und der Königin. Möglicherweise war der an der Loire gelegene Trakt für Empfänge und Staatsgeschäfte reserviert, das „Haus der sieben Tugenden" dagegen für das Privatleben der Herrscher gedacht. An den Loiretrakt schlossen sich im rechten Winkel zum Hof hin weitere Räume des Königs an, die vermutlich unter Karl VIII. begonnen und unter Franz I. beendet wurden. Ihre Bestimmung ist nicht ersichtlich, da sie sich im Laufe der Bauarbeiten natürlich änderte. Jedes der Gebäude hatte (und hat noch) über eine breite Wendelrampe im Inneren eines Rundturms direkten Zugang zum Tal. Gegensätzliches und Komplementäres der Gebäude wurde so sicher auch in symbolischer Absicht betont. Den Großteil des Felssporns nehmen die Kapelle Sankt Hubert und ein Garten ein.

Im Schloß des Königs, der den ersten Italienfeldzug unternommen hatte, finden sich nur versteckt die Zeugnisse italienischer

Die Kapelle Sankt Hubert steht auf dem Plateau genau entgegengesetzt zu dem Schloß, das über der Stadt aufragt. Die Flügel, die sie einst mit dem Hauptbau verbanden, sind zerstört. Ihr Bau wurde 1491 begonnen, als Karl VIII. die Regentschaft antrat, und 1496, im Jahr des ersten Italienfeldzuges, fertiggestellt. Sie weist keinerlei italienische Einflüsse auf. Auch ihre Baumeister, Corneille de Nesve und Casin d'Utrecht, stammen aus dem Norden. Der Türsturz zeigt die Legenden der Heiligen Christopherus und Hubert.

Kunst, die möglicherweise erst sein Nachfolger anbringen ließ. Die Arbeiten wurden im wesentlichen eingestellt, als Karl VIII. nach Neapel (1494) aufbrach.1496 kehrte er zwar zurück, doch starb er schon 1498. Von den Künstlern, die er aus Italien mitbrachte, arbeitete als einziger Pacello da Mercogliano mit Sicherheit in Amboise. Es ist aber nicht bewiesen, daß dieser Gartenarchitekt auch wirklich die Gärten von Amboise gestaltet hat. Die berühmten Türme mit den gewendelten Rampen hatten wahrscheinlich den

Das Innere der Kapelle Sankt Hubert.

RECHTE SEITE:
Der große Saal im Flügel Karls VIII. Er wurde im 19. Jahrhundert völlig umgebaut.

Der Tod Karls VIII. in Amboise

Am 7. April des Jahres 1408, am Vortag des Palmsonntags, verließ er das Gemach seiner Gemahlin, der Königin Anne de Bretagne, um mit ihr zusammen dem Federballspiel im Schloßgraben zuzusehen. Es war das erste Mal, daß er sie dorthin mitnahm. Gemeinsam betraten sie die sogenannte Haquelebas-Galerie, die als der unwürdigste Ort des Schlosses galt: Sie war direkt am Eingang gelegen, und jeder verrichtete dort seine Notdurft. Obwohl der König klein war, stieß er sich den Kopf an einem niedrigen Türsturz. Danach sah er lange den Spielern zu und plauderte mit seinem Hofstaat.
Seine letzten Worten, die er noch bei vollem Bewußtsein sprach, waren, daß er hoffe, niemals eine läßliche oder gar eine Todsünde zu begehen. Nach diesen Worten fiel er nach hinten, seine Stimme versagte (es mag gegen zwei Uhr nachmittags gewesen sein), und er lag dort bis elf Uhr nachts. Dreimal kam er noch für kurze Zeit zu Bewußtsein. Jeder, der wollte, kam in die besagte Galerie und konnte dort den König sehen, gebettet auf einen armseligen Strohsack, den er nicht mehr verließ, bis er neun Stunden später seine Seele aushauchte. Auf diese Weise verließ ein so mächtiger und so großer König diese Welt an einem entsetzlichen Ort – er, der so viele schöne Schlösser besaß und eines so prächtig bauen ließ, hätte es nicht verdient, an einem so ärmlichen Ort zu enden.

Philippe de Commynes, *Erinnerungen*.

Turm im Schloß von Urbino zum Vorbild. Urbino war bereits vor dem Feldzug bekannt, sein Ruf erstreckte sich bis zum Loiretal. Die Kapelle Sankt Hubert im Flamboyantstil* ist allerdings ein flämisches und kein italienisches Werk. Nach Philippe de Commynes „sammelte Karl VIII. alle schönen Dinge, an denen er Freude hatte, in den Ländern, wo sie zu finden waren, sei es Frankreich, Italien oder Flandern". Dahinter verbarg sich vielleicht nur der Wunsch, den blühenden Stil der Schlösser Karls V. und seiner Brüder wiederzubeleben, den deren Nachfolger wegen des Krieges oder aus Sparsamkeit aufgegeben hatten. Ludwig XI., der geizige Vater, errichtete Langeais, Karl, der verschwendungssüchtige Sohn, Amboise, dessen Außenfassade sich nach oben wie ein Schloß des Herzogs Jean de Berry entfaltet. Der große Balkon mit schmiedeeisernem Geländer und die Flucht der Fenstertüren, die auf den Balkon führen und den großen Saal erhellen, waren jedoch Neuerungen mit großer Zukunft.

Der Minimes-Turm enthält eine Rampe, über die man mit dem Pferd von der Loire hinauf zum Schloß reiten kann. Der Hurtault-Turm bietet den gleichen Zugang auf der entgegengesetzten Seite des Schlosses. Die beiden Türme wurden auf Befehl von Karl VIII. noch vor dessen Italienzug begonnen. Das italianisierende Dekor erscheint nur in den oberen Bereichen des Hurtault-Turms. Aber die Anlage der beiden Türme wurde vermutlich nach dem Vorbild des Turmes mit Reiterrampe im Schloß von Urbino (Mitte des 15. Jahrhunderts) gestaltet.

Angers

Außenansicht der Umfassungsmauer.

Die riesige, 600 Meter lange Umfassungsmauer aus Schiefer, Sandstein und Granit mit siebzehn Rundtürmen, die ursprünglich die Kurtinen* um zehn Meter überragten (die Türme wurden Ende des 16. Jahrhunderts rückgebaut) wurde um 1230 errichtet und war der erste Burgbau in der Herrschaft Ludwigs IX. des Heiligen. Er war 1226 noch minderjährig seinem Vater Ludwig VIII. auf den Thron gefolgt. Den Bau hatte sicher die Regentin Blanca von Kastilien angeregt.

Entsprechend den Verfügungen des Vaters trat Ludwig IX. die Grafschaft Anjou 1246 an seinen Bruder Karl ab. Karl gründete das erste Haus der Anjou, das aus den Kapetingern hervorging und seinen Namen von Sizilien bis nach Ungarn verbreitete. Da das Anjou, das Philipp II. August 1205 den Engländern entrissen hatte, weiterhin von den Nachbarn bedroht war, wurde der neue Bau zur Verteidigung und nicht als Residenz angelegt. Die genaue Gliederung der 25 000 Quadratmeter großen Fläche ist nicht bekannt, doch zweifellos erstreckten sich die Haupttrakte entlang der Maine, die nicht von Rundtürmen begrenzt war. Das Haus Anjou, aus den Valois hervorgegangen, bemühte sich, die Festung im Inneren vollkommen auszustatten. Ludwig I., für den sein Vater König Johann II. 1360 Anjou zum Herzogtum erhoben hatte, gab 1373 bei dem Maler Hennequin de Bruges und dem Pariser Teppichweber Nicolas Bataille den berühmten Wandbehang mit der Apokalypse in Auftrag, der ein Meisterwerk französischer Teppichkunst darstellt und immer noch im Schloß aufbewahrt wird. Ludwig II., Sohn Ludwigs I., und seine Gemahlin Jolanda von Aragon ließen

Blick auf das Schlößchen durch eine der Türen der Umfassungsmauer.

das „Logis Royal“ und die Kapelle Sankt Johannes der Täufer (1405–1412) erbauen. Diese ist eine „Heilige Kapelle“, da sie eine Passionsreliquie birgt; es ist ein Partikel eines Stücks vom Kreuz Christi, das Ludwig IX. der Heilige gekauft und unter den Prinzen aufgeteilt hatte. Die Wohnräume sind tatsächlich königlich, da der Herzog zugleich König von Sizilien und Aragon war. Angers ist eines der größten Schlösser in den herzoglichen Domänen an der Loire. Die Trakte, die der Sohn Ludwigs II., René, genannt„der gute König“ und nomineller König von Sizilien, anfügte, fielen deutlich bescheidener aus. Die regellose Anordnung der Gebäude ist typisch für Bauten, die ursprünglich als Festung geplant waren.

Als Nachfolger Renés erhielt König Ludwig XI. das Anjou, von dem aber nur noch der Herzogstitel weiterbestand. Dieser wurde den jüngsten Prinzen von Frankreich ohne territoriale Herrschaftsrechte verliehen.

ARGY

OBEN:
Außenansicht mit dem Brillac-Turm.

RECHTE SEITE:
Der Donjon.

Schloß Argy besteht aus Flügeln, die sich um einen rechteckigen Hof mit Ecktürmen gruppieren. Ein mächtiger quadratischer Turm, der Donjon*, bildet die Vorburg. Der Flügel, der den Donjon mit dem Brillac-Turm, einem massiven Rundturm, verbindet, besitzt zwei offene, übereinanderliegende Galerien. Der angrenzende Flügel enthält eine offene Galerie im Erdgeschoß und einen großen Saal im ersten Stock. Ein Dekor aus Hermelinen, Lilien und verschlungenen Initialen bedeckt die Fassade. Es erinnert an Charles Brillac, den Schloßeigentümer und Kammerherrn Ludwigs XII. Das Hermelinmuster

OBEN:
Der Hof, im Hintergrund der Brillac-Turm.

RECHTE SEITE:
Galerie oberhalb des Hofs.

wurde zu Ehren der Königin, Anne de Bretagne, gewählt. Die Lukarnen* des Flügels stammen aus dem 19. Jahrhundert, ebenso der dritte Flügel und die beiden letzten Türme. Den vierten Flügel, der den Hof abschloß, hatte man im 18. Jahrhundert abgerissen, um Nebengebäude zu errichten. Die zwei Flügel mit den Galerien, der Donjon und der Brillac-Turm sind im wesentlichen ein Werk von Charles Brillac, der 1509 in Mailand verstarb. Einer seiner Vorfahren hatte mit dem Bau begonnen (die Familie Brillac erwarb Argy in der Mitte des 15. Jahrhunderts), und Charles konnte die mittelalterliche Bausubstanz wiederverwenden.

Azay-le-Rideau

Der Wohntrakt und der rückwärtige Flügel im Renaissancestil wurden von 1518 bis 1527 für Gilles Berthelot errichtet. Berthelot war Bürger von Tours, als *Général des finances* und Schatzmeister reich geworden und strebte zum Adel. Als er in Ungnade fiel und floh, konfiszierte der König Azay. Diese Ereignisse verhinderten, daß die beiden mittelalterlichen Flügel, die am Eingang und rückwärts den Hof einschlossen, im selben Stil umgebaut wurden; sie wurden im 17. Jahrhundert abgerissen. Statt dessen verlängerte man die Fassade zum Hof und zerstörte so die perfekte Symmetrie des Wohntrakts mit der berühmten Ehrentreppe in seiner Mitte. Im 19. Jahrhundert wurden ein Rundturm am Seitenflügel und ein Ecktürmchen am Corps de logis* erbaut oder wieder aufgebaut, um ein vollständiges Schloß vorzutäuschen. Symmetrie und Treppenhaus bezeugen die Modernität des Schlosses. Das hochaufragende Treppenhaus, dessen Öffnungen zwischen die einzelnen Geschosse gesetzt sind, geht auf die Wendeltreppe in Châteaudun zurück, hat aber gerade Treppenläufe. Schon vor Azay wiesen einige Schlösser, die heute jedoch zerstört sind, diese Merkmale auf.

Die rückwärtige Fassade.

NEBENSTEHEND:
Die Fassade zum Hof. Die beiden zentralen Mauerjoche korrespondieren mit der Treppe; sie ist typisch für die gegenläufigen Treppen*, die während des 16. Jahrhunderts in Mode waren: Die geraden Treppenläufe, getrennt durch eine Mauer, laufen im Winkel von 180 Grad auf die Treppenabsätze und Stockwerke zu. Die Absätze befinden sich in halber Höhe der Stockwerke und öffnen sich in einer Loggia zum Hof hin.*

RECHTE SEITE:
Eingangsportal der Treppe und die Fensteröffnungen des ersten Treppenabsatzes. Zwischen den zwei Etagen der Salamander von Franz I. und das Hermelin von Claudia von Frankreich. Im 16. Jahrhundert erscheinen die königlichen Embleme auch in den Häusern von Privatleuten.

Gewölbe eines Treppenlaufs und ein Treppenabsatz. Die Gewölbe sind charakteristisch für den Übergang von der gotischen Jochtechnik zum italianisierenden Stil mit flacher Decke. Die Pilaster mit zentraler Raute und zwei halben Rauten an den Seiten sind eine italienische Anleihe der französischen Renaissance.*

OBEN:
Der Salamander von Franz I.

RECHTE SEITE:
Der große Saal.

Verbrecherbanden in Azay-le-Rideau

Auch in Friedenszeiten diente eine Festung dem Ruhm des Besitzers. Gilles Berthelot, ein wohlhabender und mächtiger Finanzmann, wollte auf dieses Statussymbol nicht verzichten und begann 1518 mit dem Wiederaufbau von Azay-le-Rideau. Da er sich beim König für diesen Entschluß rechtfertigen mußte, berief er sich auf die Gefahren und Unruhen, die von den plündernden Verbrechern ausgingen, die sich in der Umgebung der Burg aufhielten und womöglich einen Angriff auf die Festung planten:

„Da hier immer reger Verkehr herrscht, treiben sich Tag und Nacht üble Burschen hier herum, berüchtigte Diebe, Wegelagerer und andere Arten von Vagabunden und Herumtreibern, die oft Händel suchen, plündern, stehlen, sich schlagen und nur Übles im Schilde führen. Da die Burg weder abgeschlossen noch durch Türen und Mauern abgesichert ist, könnten sich die Plünderer hierher verirren, nachdem sie im Wald von Chinon und an anderen Orten ihr Unwesen getrieben haben."

Die Dachstühle von Azay sind, wie in der Epoche üblich, als Sparrendach auf einem Kniestock aufgesetzt. Wenn das Auflager der Balken so über den Dachboden angehoben ist, wird der Dachraum bewohnbar. Die Fenster sind teils als Lukarnen ausgeführt, teils sitzen sie im Kniestock.*

UNTEN:
Der Plan des Wohntrakts und der Hoffassade des rechten Flügels, aus: Relevé Monuments Historiques *(1904). Auf dem Plan sieht man die Anlage der gegenläufigen Treppe*.*

RECHTE SEITE:
Im Hintergrund die Hoffassade des rechten Flügels, im Vordergrund das äußerste Ende des Corps de logis. Dieser wurde im 19. Jahrhundert neu errichtet, nachdem der linke Flügel abgerissen worden war.*

La Bastie d'Urfé

Rechts der Flügel mit dem großen Stufengiebel. Im Hintergrund der Wohntrakt: In der Mitte des Erdgeschosses ist das Kapellenportal und zu seiner Rechten liegen die Arkaden der Grotte.

Der Lignon kommt aus den Bergen von Forez und mündet in der Ebene in die Loire. Dabei speiste er die heute aufgefüllten Gräben von La Bastie (*bâtir = bauen,* wovon sich *Bastion* und *Bastille* ableiten), die seit dem 13. Jahrhundert im Besitz der Familie d'Urfé war. Im Dienst des Königs gab sie die Vogtei des Forez quasi erblich weiter. Hier waren Familien wie die Robertet, die Albon oder die Gouffier in der Renaissance zu Reichtum gekommen und hatten ihre Schlösser nahe bei den königlichen Residenzen errichtet. Arthus und Claude Gouffier erbauten Schloß Oiron. Nur Claude d'Urfé, der unter Franz I. und Heinrich II. eine glänzende Karriere machte, widmete sich dem Ausbau der länd-

Eines der ältesten erhaltenen Beispiele für die beliebten kleinen Gartentempel.

lichen und abgelegenen Bastie. Er machte das bescheidene Schloß zu einem der beachtlichsten Bauwerke der französischen Renaissance. Zu Beginn des 17. Jahrhunderts ließ sein Nachfahre, Honoré d'Urfé, seine bukolischen Liebeserzählungen an den Ufern des Lignon spielen. *L'Astrée* (1607–1624), die Geschichte der Schäferin Astrée und ihres

Details des großen Stufengiebels: Die Bedeutung der Figuren ist nicht gesichert (bis auf eine Allegorie des Überflusses und Herkules im Kampf mit dem nemäischen Löwen). Aber die Unklarheit ist Absicht, wie die rätselhafte Inschrift auf der Sphinx zeigt: „Sphingem habe domi" (wörtlich „habe die Sphinx ein Haus"). Frei übersetzt bedeutet dies: „Das Geheimnis ist den Eingeweihten vorbehalten".

Die Grotte. Hier standen ursprünglich große Allegorien der vier Jahreszeiten. Das Dekor besteht aus Sand, Kies, farbigen Steinen und Muscheln.

Geliebten Céladon, ein Hauptwerk des preziösen Stils, machte den Fluß in den Salons und bei Hof bekannt.

Claude d'Urfé wuchs am Hof auf. Schon in sehr jungen Jahren nahm er an den Feldzügen in Italien teil. 1535 übertrug ihm Franz I. die Vogtei Forez, 1546 schickte er ihn als Repräsentant zum Reformkonzil der Katholischen Kirche nach Trient. 1548 war er Botschafter Heinrichs II. am Heiligen Stuhl, wurde aber 1550 zurückberufen, um das Amt des Hofmeisters des französischen Thronfolgers, des künftigen Franz II., zu übernehmen; dieses behielt er bis zu seinem Tod im Jahr 1558. In dieser Stellung arbeitete Claude d'Urfé, ein Mann von hoher Bildung, mit den Gelehrten und Dichtern Jacques Amyot und Joachim Du Bellay zusammen. Zwei Ereignisse hinterließen in La Bastie ihre Spuren: die zehn Jahre währende Ehe (1532–1542) mit Jeanne de Balsac, deren mit zwei „C" verschlungenes „J" an Claudes Treue als Ehemann und als Witwer erinnert, und die Aufnahme in den königlichen Orden des Heiligen Michael im Jahr 1549, dessen Ordenskette Claudes Wappen seitdem zierte.

Das Schloß ist um einen rechteckigen Hof mit einem schlichten Abschluß angeordnet. Im wesentlichen erweiterte Claude d'Urfé den rechten Flügel durch zwei offene, übereinanderliegende Galerien, deren obere über eine große Stufe zugänglich war. Im rückwärtigen Flügel legte Claude eine mit Muschelwerk geschmückte Grotte an, dahinter errichtete er eine Kapelle. Die Bauten werden auf 1548 (das Jahr seines Italienaufenthalts) datiert, was aber nur für die Kapelle gesichert ist. Für die übrigen Gebäude läßt sich nur feststellen, daß sie vor 1549 entstanden sind, da das Wappen von d'Urfé ohne den Orden des Heiligen Michael dargestellt ist; ihrem Stil nach sind sie wahrscheinlich zehn, wenn nicht gar zwanzig Jahre früher

NEBENSTEHEND:
Das Untergeschoß.

RECHTE SEITE:
Die Ausstattung der Kapelle wurde 1874 aufgelöst. Die Holzvertäfelungen des unteren Wandbereichs sind heute im Metropolitan Museum in New York, die Glasfenster in einer Privatsammlung. Die Gemälde von Girolamo Siciolante und der Altar kamen glücklicherweise wieder an ihren Platz.

erbaut worden. Die Arkaden der unteren Galerie, die sich bis zur Grotte erstrecken, sind ungeschickte aber ansehnliche Imitationen des italienischen Stils aus dem 15. Jahrhundert. Sie ähneln den Arkaden, die Anne de Beaujeu gegen Ende des 15. Jahrhunderts in Schloß Moulin, dem ersten von der italienischen Kunst geprägten Ort im Loiretal, ganz in der Nähe von La Bastie, errichten ließ. Dagegen sind die Kapelle und ihr Portal ein Meisterwerk der klassischen Renaissance um 1540. Nachdem 1874 die Innenausstattung aufgelöst wurde, haben die Gemälde wieder den alten Platz gefunden, während sich die Wand- und Deckenverkleidung heute im Metropolitan Museum in New York befindet, und die Kapellenfenster aus dem Jahr 1557 in einer Privatsammlung sind. Die Gemälde stammen von Girolamo Siciolante, einem Schüler Perino del Vagas, der sich an Raphaël und Michelangelo orientierte; Vasari erwähnt ihn in seinen Künstlerbiographien. Claude d'Urfé gab die Gemälde während seiner Gesandtschaft in Rom in Auftrag, 1549 waren sie bereits in Arbeit. Damals bestellte er auch die Holzvertäfelungen bei Fra Damiano, Antoniolo de Zambelli genannt, einem Fachmann für Blendarchitektur und Stilleben in Intarsienarbeit. Im Louvre, in Ecouen und in Rouen

D·O·M·S
JOEL·2·
HABAC·2·

Der Altar der Kapelle. Oben die Altarvorderseite mit der Darstellung von Noahs Opfer nach dem Ende der Sintflut. Unten eine der Altarseiten mit der Durchquerung des Roten Meeres. Der Schöpfer dieser in der Mitte des 16. Jahrhunderts entstandenen Flachreliefs ist nicht bekannt.

Gemälde in der Kapelle. „Die Verkündigung"

werden Reste der Keramikfliesen aufbewahrt, die Masseot Abaquesnes in Rouen gefertigt hatte. Das Stuckgewölbe könnte das Werk eines Künstlers aus Fontainebleau sein.

Zwei bastionartige Türme mit dem Datum „1555“ begrenzen den Bau. In diesem Jahr soll auch der zum Hof führende linke Flügel entstanden sein. Seine Aufteilung in eine Flucht gleicher Trakte mit jeweils eigenem Zugang zum Hof erinnert aber an die Privatkasernen der Religionskriege, an denen Claudes Sohn Jacques d'Urfé teilgenommen hatte. Ihm wird der kleine runde Tempel, die einzige authentische Spur der Gärten und eine der ältesten noch erhaltenen Gartenanlagen Frankreichs, zugeschrieben.

Gemälde in der Kapelle.
NEBENSTEHEND:
„Abraham bereitet Isaaks Opferung vor".

OBEN:
„Melchisedek segnet Abraham".

Zimmer mit Dekor aus der Mitte des 17. Jahrhunderts. Es ist der einzige Raum, der nach den großen Arbeiten in der Mitte des 16. Jahrhunderts noch eine Ausstattung erhielt.

Die Galerie des rechten Flügels. Sie stammt aus dem 15. Jahrhundert. Die über Eck verlegten Deckenbalken sind ungewöhnlich.

Baugé

Im 11. Jahrhundert stand hier zwischen zwei Loirezuflüssen, nahe dem heutigen Dorf Vieil Baugé eine befestigte Burg. 1436 steckten sie die Engländer in Brand, aber René d'Anjou ließ sie auf dem einfachen Erdhügel, an dessen Fuß sich das moderne Baugé entwickelt hat, wieder aufbauen. Er beauftragte damit 1454 Guillaume Robin, den „Baumeister des Königs von Sizilien", denn René war gleichzeitig Herzog von Anjou, von Bar und der Lorraine, Graf der Provence und König von Neapel und Sizilien (sein Königreich hatte er freilich 1442 verloren); zu diesen Titeln kamen Rechte auf die Königreiche Ungarn und Jerusalem. Als René sich 1462 bis 1463 hier aufhielt, war die Anlage nur teilweise bewohnbar. 1467 machte er sie zu seiner Hauptresidenz. 1471 verließ René endgültig das Herzogtum, das Ludwig XI. wieder an das Königreich angliedern wollte, und zog sich in die Provence zurück.

Die Kapelle.

LINKE SEITE:
Die Fassade zur Stadt hin. Im Pavillon sind die Wohnräume, im verlängerten Trakt liegen die großen Säle.

Der Haupttrakt ist der einzige noch erhaltene Teil einer Burg, deren Ringmauer Höfe, Gärten und Nebengebäude umschloß. Der Zugang lag in einem Wohnturm, der von der Stadtmauer getragen wurde, heute aber zerstört ist. Vom Turm aus konnte man auf die Stadt im Nordwesten und auf den eingefriedeten Bereich im Südosten blicken. Hier liegt auch die Hauptfassade mit den Treppentürmen, denn diese Himmelsrichtung wurde immer als besonders angenehm bevorzugt. Der wichtigste der Treppentürme bildete den Zugang zu einem langgestreckten Bau mit mehreren Empfangsräumen, der auf der Stadtseite mit einem quadratischen Pavillon* abschloß; an seinem Ende lagen die Privatgemächer. Diese erreichte man über einen zweiten Turm, der das Gegenstück zum ersten bildete und eine zweite Wendeltreppe sowie im Obergeschoß einen Gebetsraum beherbergte. Im umfriedeten Bereich befanden sich eine Kapelle und im Garten sicherlich auch einige der Vergnügungseinrichtungen, für die Renés Wohnsitze im Anjou bekannt waren. Mehr als alle Zeitgenossen hatte René der Mode der Landhäuser neue Impulse gegeben: Als in der Mitte des Jahrhunderts der Friede wieder einzog, gab man einfachen Herrenhäusern den Vorzug vor den mächtigen Burgen der Herren. So errichtete Guillaume Robin, der Architekt von Baugé, 1454 für René den Herrensitz

Das Gewölbe der großen Treppe. Es besteht aus acht Kreuzrippenjochen.

La Menitré. Baugé aber gehört zu einer anderen Gattung: Es ist verschlossen und stark vermauert. So scheint es weniger modern als die Schlösser von Berry zu sein. Fast ein Jahrhundert zuvor hatte dort Herzog Jean, ermutigt durch die lange Friedenszeit, die Mauern großflächig im Flamboyantstil* durchbrechen lassen. In Baugé aber erinnert nichts daran, daß König René einer der ersten war, der in seiner Grafschaft Provence italienische Bildhauer beschäftigte.

Im 15. Jahrhundert lagen in den Dachstühlen wichtige Räume: Im Vordergrund sind das große Fenster und der Kamin eines Saals im Dachgeschoß zu sehen, im Hintergrund zwei Stockwerke des Dachausbaus mit ihrem Kamin.

René d'Anjou

Im Jahr 1474 nahm Ludwig XI. Anjou ein und zwang seinen Neffen René d'Anjou zum Rückzug in die Provence.

„Der menschliche und gutmütige König von Sizilien (René) verließ sein Herzogtum Anjou. Wer könnte die Beschwerden, das Bedauern und die Klagen der Bevölkerung Anjous beschreiben, die sich eines derart eigenwilligen und umsichtigen Beschützers beraubt sah, eines Landesvaters, Bewahrers der Kirche, Verfechters der Adligen, Verteidigers des gemeinen Volkes, Anhängers des Friedens und der Eintracht, Anwalts der Armen, Beistand der Damen und eines unbestechlichen Kämpfers für die Gerechtigkeit.
(...)
Möchte man die Gestalt dieses Prinzen beschreiben, so muß man seine Schönheit, Größe und aufrechte Haltung erwähnen, ebenso die Ebenmäßigkeit seiner Glieder, wenngleich sein Gesicht von einer Wunde gezeichnet war, die er sich bei der Einnahme von Barroys zugezogen hatte. Obwohl er sehr klug, umsichtig und im Umgang mit Waffen sehr erfahren war, war ihm doch in dieser Hinsicht kein Glück beschieden. Er war ein sittenstrenger, gerechter Mann, der nie jemandem ein Unrecht zufügte. Die Könige, die vor ihm Sizilien regiert hatten, reichten nicht an ihn heran, was Menschlichkeit, religiösen Glauben, Großzügigkeit, Vornehmheit und Mut anbelangte.
(...)
Noch nie zuvor hatte man eine so verwirrte Bevölkerung wie die Angers gesehen, als er diese Stadt verlassen mußte; während er dort residierte, war sie doch die Quelle all seiner Freuden und der am meisten geachtete Ort Frankreichs. Man verspürt die große Liebe und außergewöhnliche Zuneigung, die die Bevölkerung Anjous ihm entgegenbrachte. Schließlich gibt es in Angers kaum ein Haus, auf dem nicht sein Wappen oder einige Worte seiner Sinnsprüche zu sehen sind, es sei denn, es wurde später erbaut."

Jean de Bourdigné
Geschichte der Annalen und Chroniken des Anjou, 1529.

BEAUGENCY

Die gesamte Burg besteht aus einem imposanten Donjon* aus dem 11. Jahrhundert, der vermutlich von Raoul I. Lancelin von Beaugency (1090–1130) erbaut wurde. Raoul war freier Lehnsherr und wagte sogar, für die Feinde des französischen Königs Partei zu ergreifen. Der rechteckig angelegte Donjon wurde erst im 13. oder 14. Jahrhundert um zwei Etagen aufgestockt; heute beträgt seine Höhe 36 Meter. Ursprünglich war er bis zur Höhe von sechs Metern in die Erde eingegraben und durch eine doppelte Ringmauer geschirmt. Der unterste Saal war nur von einem oberen Raum aus erreichbar, zu dessen Tür lediglich eine Leiter führte.

Das Lehnsgebiet wurde 1281 an den französischen König verkauft, der es 1379 den Herzögen von Orléans abtrat. In der Mitte des 15. Jahrhunderts war es im Besitz des berühmten Jean de Dunois, des „Bastards von Orléans“. Er ließ Fenster durchbrechen, Kamine errichten und neue Wände einziehen und nebenan einen kleinen Herrensitz bauen.

Der Verfall des Donjon begann während der Religionskriege; 300 Jahre später (1840) stürzten die Gewölbe der inneren Stockwerke ein.

NEBENSTEHEND UND RECHTS:
Der Donjon.

Beauregard

Jean Du Thier, Herr von Menars, Staatssekretär und Freund von Ronsard, erwarb das Schloß 1545. Er war größtenteils für den Rohbau verantwortlich und gab auch die Innenausstattung in Auftrag.

Die Kapelle mit Fresken von Niccolò dell'Abate ist verschwunden. Im Königszimmer finden sich auf dem Kamin aber noch mythologische Fresken im Stil des berühmten Malers aus Fontainebleau.

Die Holzvertäfelungen des Schellenkabinetts, dekoriert mit den Schellen aus dem Wappens des Jean Du Thier, werden dem ebenfalls in Fontainebleau tätigen und nicht weniger berühmten Francesco Scibec de Carpi zugeschrieben. Die allegorischen Gemälde stammen vielleicht von Niccolò dell'Abate selbst.

Aus der Zeit Thiers ist in der großen Galerie nur ein im italienischen Stil erbauter Kamin erhalten. Die außergewöhnliche Ausstattung der *Galerie des Illustres* gaben der Kriegsrat und Schatzmeister Paul Ardier, der Beauregard 1617 erwarb, und sein Sohn Paul, Präsident des Pariser Rechnungshofes, in Auftrag. 1627 erwarb der Vater Delfter Bodenfliesen, die sein Sohn 1646 verlegen ließ. Er sammelte auch die Porträts berühmter Persönlichkeiten in der Galerie. Sie ist eines der letzten Beispiele der in den Schlössern des 17. Jahrhunderts sehr beliebten *Galeries des Illustres*; die Sammlung im Palais Royal (seit 1630) war berühmt.

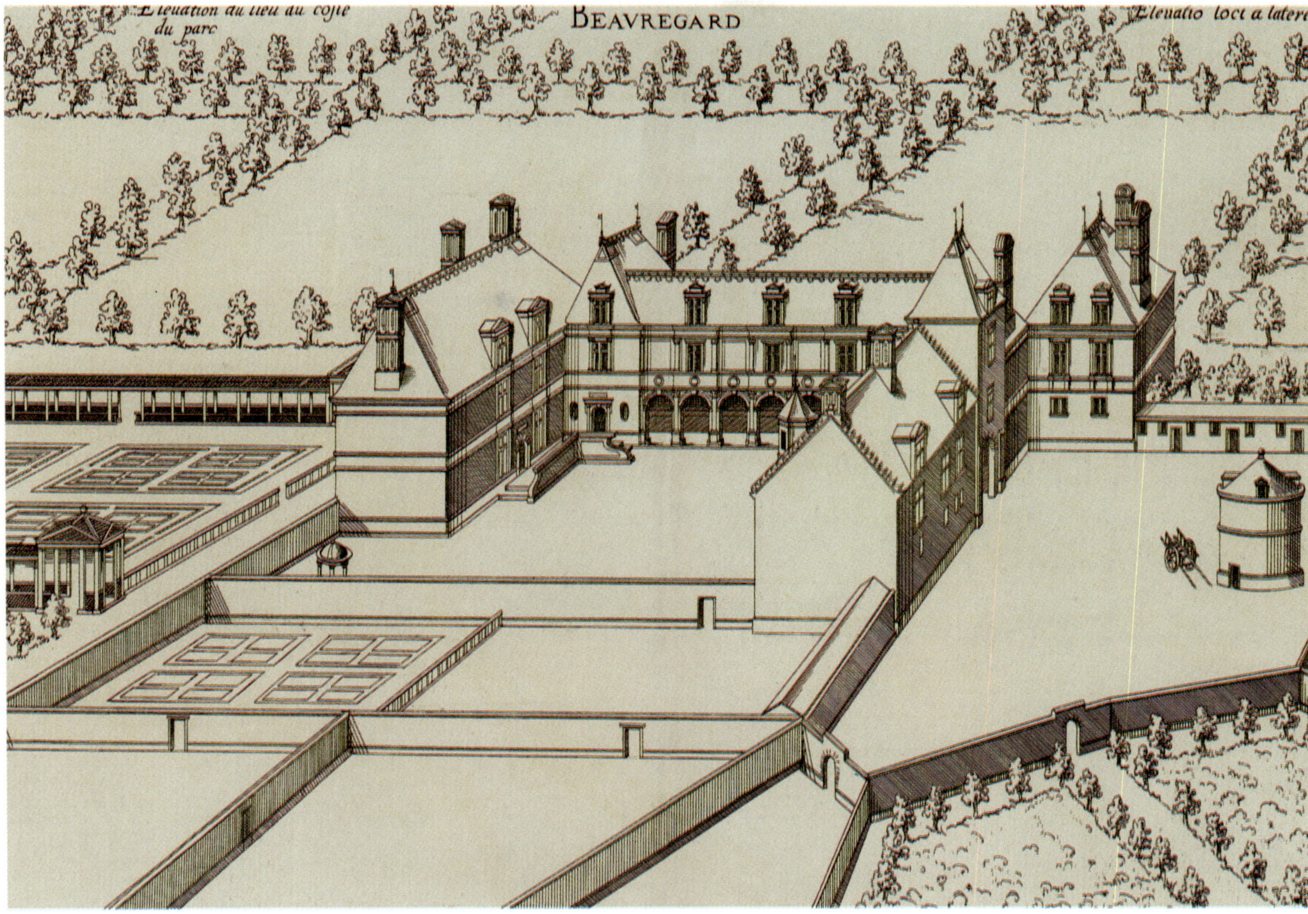

Beauregard

„Das Gebäude ist zwar nicht groß, aber sehr stilvoll und vorteilhaft angelegt. Der Bau und alles, was dazu gehört, ist prächtig und eindrucksvoll, so auch der Garten", schrieb Du Cerceau in *Les plus excellents bastiments de France.*

Beauregard spiegelt den erlesenen Geschmack und die Kultur seines Erbauers Jean Du Thier wider. Er war einer der vier Staatssekretäre Heinrichs II. und hatte das Gut im Jahr 1550 erworben. Du Thier war ein Freund von Ronsard, der Jeans Liebe zu Büchern noch vertiefte:

„Mit vielen Talern bezahlst Du die Bücher, die so viele Jahre überdauert haben,
die so große Namen wie Pindar und Simonides tragen,
mit denen Du das prächtige Schloß Beauregard geschmückt hast,
Dein Werk, das Du verschönert hast."

LINKE SEITE:
Oben: Blick von der Hofseite aus, die einst geschlossen war.
Unten: Decke des Schellenkabinetts mit dem Wappen von Jean Du Thier.

OBEN:
Blick von der Gartenseite, aus den Plus excellents bastiments de France *von Jacques Androuet Du Cerceau (1579).*

NEBENSTEHEND:
Das Schellenkabinett.

Die Galerie des Illustres wurde 1646 mit dreihundert Porträts berühmter Frauen und Männer dekoriert. Solche Porträtgalerien, die in der ersten Hälfte des 17. Jahrhunderts in Mode waren, sollten die Könige feiern und die Ahnen des Schloßherrn rühmen. Nur wenige Beispiele sind erhalten. Die Bodenfliesen aus Delft zeigen eine Armee.

Die Galerie des Illustres. *Der weiße Marmorkamin stammt aus der Mitte des 16. Jahrhunderts erbauten Galerie. Die Felder der niedrigen Täfelung können zum Teil auch dieser Epoche zugerechnet werden. Die meisten Dekorationen der Täfelung stammen aber aus dem 17. Jahrhundert. Ihre Bedeutung ist nicht klar. Oben erkennt man ein Stachelschwein und einen Salamander, die Embleme von Ludwig XII. und Franz I.*

COMINUS
ET
EMINUS
L·XII·

MI NVTRISCO
C·VII·

C·V·
PH·VI·
RECTE ET FORTITER
VLTOREM VLCISCITVR VLTOR
VT CVM QVE
MONSTRANT REGIBVS ASTRA VIAM
C·VI·
L·

L·XIII·

Blois

Die der Stadt zugewandte Loggienfassade.

Der Platz vor dem Eingang des Schlosses ist der ehemalige Wirtschaftshof einer Burg. Sie lag am äußersten Ende eines Felsvorsprungs: Auf drei Seiten war sie durch den Steilhang natürlich geschützt und ist vom restlichen Plateau durch einen Burggraben getrennt. Diese Höhenburg wurde schon lange besiedelt und ist als *castrum* der Merowinger erwähnt. Die Grafen von Blois sind bereits Ende des 6. Jahrhunderts belegt und zählten zu Beginn der Dynastie der Kapetinger zu den mächtigsten Herren im Königreich. Ihre Nachfahren erbten später die Grafschaft Champagne und das Königreich Navarra.

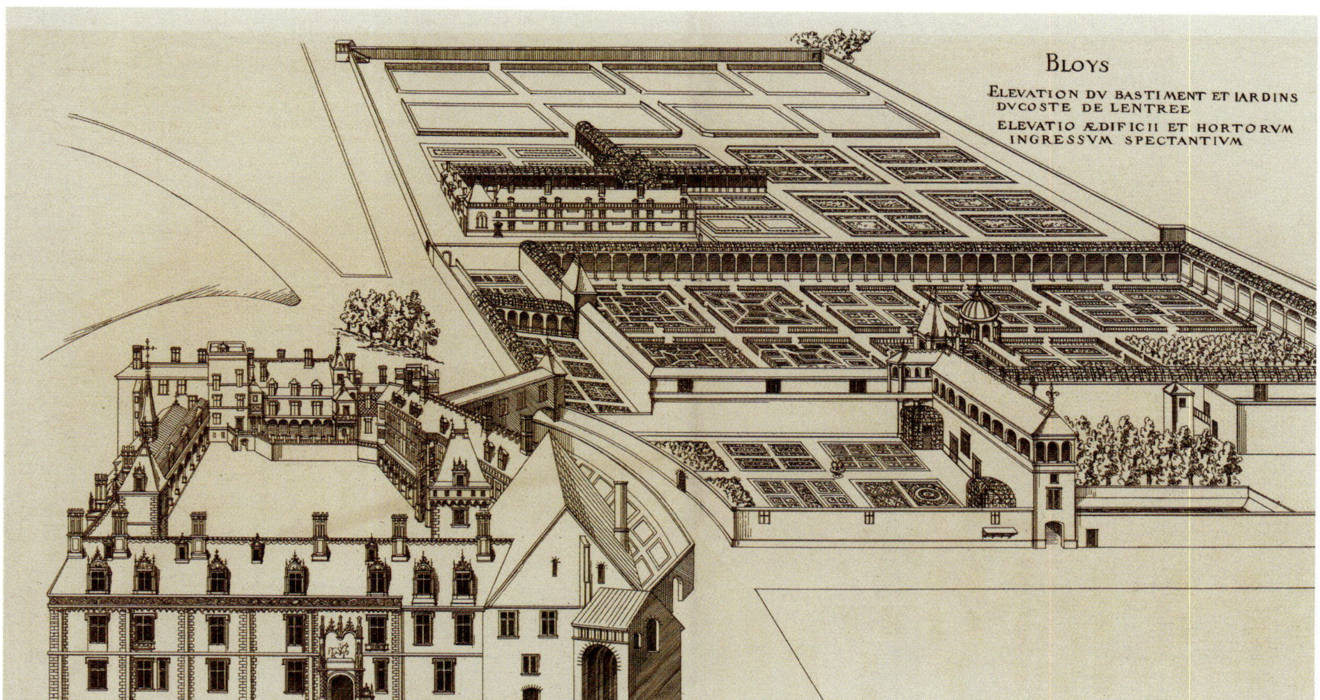

Oben die Loggienfassade nach Les plus excellents bastiments de France *(1579) von Jacques Androuet Du Cerceau. Man sieht rechts den Umriß eines Rundturms der alten Mauer, jetzt durch die Fassade verdeckt, und ganz rechts ein mittelalterliches Gebäude, das durch den Flügel Gaston d'Orléans ersetzt wurde.*
Unten das Schloß und seine Gärten, von der Eingangsseite aus gesehen.

Von der alten Burg sind noch der südlich gelegene Foix-Turm, ein Mauerrest im Flügel Franz' I. und der Ständesaal im Norden erhalten. In letzterem, einem der seltenen Beispiele eines Feudalsaales aus dem Anfang des 13. Jahrhunderts, trafen sich zweimal die Generalstände des Königreiches. 1391 erwarb Louis, der Bruder des Königs Karl VI., die Grafschaft Blois und erhielt im folgenden Jahr den Titel „Herzog von Orléans". Sein Sohn Charles, der Dichter, geriet bei der Schlacht von Azincourt (1415) in Gefangenschaft. Nach seiner Befreiung im Jahre 1440 zog er sich nach Blois zurück. Er ließ die alte Burg abreißen und durch einen Neubau ersetzen, von dem heute nichts mehr erhalten ist. Charles' Sohn Louis wurde im Jahr 1465 zum Herzog von Orléans ernannt. Er verhalf dem in Orléans ansässigen Zweig des Hauses Valois zum Thron (1498). 1515 hinterließ er seinem Nachfolger Franz I. ein Schloß, das in königlichem Besitz blieb, bis Ludwig XIII. es, verbunden mit dem Titel „Herzog von Orléans", seinem Bruder Gaston schenkte (1626).

OBEN:
Hoffassade des Flügels Gaston d'Orléans.

LINKE SEITE:
Eingangsportal mit dem Reiterstandbild Ludwigs XII. aus dem 19. Jahrhundert.

Heute besteht das Schloß aus einem unregelmäßigen Viereck, das von Gebäuden gesäumt wird, die üblicherweise Flügel Ludwigs XII., Flügel Franz' I. und Flügel Gaston d'Orléans genannt werden. Dem Zeitgeschmack entsprechend wurden die Ecken nach den Himmelsrichtungen orientiert. Vielleicht gab der Standort die Ausrichtung vor, vielleicht wurde der Standort aber auch gewählt, weil er diese Ausrichtung erlaubte. Die Schauseite blickt auf die Loire. Seltsamerweise liegt hier der niedrige Flügel Charles d'Orléans, an den sich die Kapelle St.-Calais schließt. Die Kapelle und der Flügel, der den Hof abschloß, wurden im 18. und 19. Jahrhundert verkürzt, wodurch die eigentliche Schauseite, an der man den Haupttrakt vermuten würde, nur zum Teil bebaut ist. Die Baugeschichte des Schlosses ist immer noch ziemlich umstritten.

Der Flügel, der lange Zeit Charles d'Orléans zugeschrieben wurde, wird heute auf Ludwig XII. zurückgeführt. Er scheint zeitgleich mit dem Chor der 1508 geweihten

NEBENSTEHEND:
Hoffassade und Treppe im Flügel Franz' I.

RECHTE SEITE:
Detail der Treppe im Flügel Franz' I.

Kapelle entstanden zu sein. Wenn Louis d'Orléans erst nach seiner Krönung zum König und der Hochzeit mit Anne de Bretagne, der Witwe seines Vorgängers (1499), diesen Flügel errichten ließ, so muß man annehmen, daß er in seinen drei Jahrzehnten als Herzog von Orléans nichts bauen ließ oder zumindest nichts davon erhalten geblieben ist. Der Flügel Ludwigs XII. ist vermutlich nur die Aufstockung eines mittelalterlichen Gebäudes, das um zwei Wendeltreppen erweitert wurde. Wenn der Flügel auch vom Durchgang zum Hof gekreuzt wird, weist er doch keine der nahe am Eingang üblichen Verteidigungsbauten auf. Demonstrierte hier die moderne Monarchie den großen Lehnsherren an einem Beispiel von Abrüstung, daß Handstreiche ihre Autorität nicht länger gefährden konnten? Allerdings bot auch der Vorhof vor dem Flügel Ludwigs XII., der heutige Schloßplatz, vorgelagerten Schutz.

Die Ornamentik folgt mit Ausnahme einiger von französischen Künstlern ausgeführter italienischer Motive noch dem gotischen Stil. Zwar hatte Ludwig schon vor seinem eigenen Italienkrieg am Feldzug seines Vorgängers nach Neapel (1494–1495) teilgenommen, doch setzte sich der italienische Stil erst nach 1508 durch, als der Kardinal von Amboise, Ludwigs XII. mächtigster Minister, das Schloß Gaillon erbauen ließ.

Treppe im Flügel Ludwigs XII.

Die erste Gartenanlage, hangabwärts gelegen, ist bereits 1470 belegt und geht sicher auf den künftigen Ludwig XII. zurück. Die großen Gartenanlagen im Süden wurden 1499 nach dem Erwerb des Geländes von Pacello da Mercogliano, dem auf dem ersten Italienfeldzug mitgebrachten Gärtner, angelegt. Er beließ zwar die traditionelle Struktur des französischen Gartens, fügte aber mediterrane Elemente ein und setzte durch ein ausgeklügeltes Leitungsnetz verstärkt Wasser zur Gestaltung ein. Von diesem Garten existieren heute nur noch ein Gebäude, das vermutlich die erste Orangerie Frankreichs war, und der Pavillon der Anne de Bretagne. Es ist die älteste der in Frankreich erhaltenen Gartenanlagen.

Franz I. begann mit dem Bau seines Flügels in den ersten Monaten seiner Herrschaft, noch bevor er mit dem Sieg von Mari-

gnano seinen Weg nach Italien freimachte. Er war nur Teil eines Bauvorhabens, dessen Ausführung nach 1517/1518 eingestellt wurde. Franz I., der Leonardo da Vinci nach Frankreich brachte, ließ nach Plänen des italienischen Genies das Schloß Chambord errichten, das einzigartig und voller Neuerungen war — was auf den Flügel in Blois weniger zutrifft. Die Gliederung mit gekoppelten Pilastern* und doppelten Kordongesimsen* wurde zwar nach Blois benannt, das als Vorbild im gesamten Loiretal Schule machte, ist aber hier nicht erfunden worden. Auch die offene Wendeltreppe, die eindrucksvoll die Vorliebe der Valois für diese Art von Bauwerk belegt, hatte anderenorts ihre Vorläufer. Sie ist immer noch Teil des Innenbaus, wie bereits in Châteaudun in der Mitte des 15. Jahrhunderts angelegt und wie es in den folgenden Jahrhunderten üblich sein sollte. Die Fassade, die am modernsten und am stärksten vom italienischen Stil geprägt ist, ist die Loggienfassade, die wahrscheinlich die zeitgenössischen Loggien Bramantes und Raphaëls im Vatikan nachahmte. Sie führte zu den Gärten, die erst jüngst von der Stadt wiederhergestellt wurden. Trotz der Orientierung nach Nord-

LINKS: *Treppe im Flügel Franz' I.*

RECHTS: *Treppe im Orléans-Flügel, die eine nach oben geöffnete Kuppel mit Laterne* bedeckt.*

OBEN:
Der Ständesaal.

westen wurden hier die königlichen Gemächer eingerichtet, die noch bis Ende des 16. Jahrhunderts belegt sind.

François Mansart legte 1634 Gaston d'Orléans den Entwurf für einen kompletten Neubau vor, der den gesamten Bestand des 16. Jahrhunderts zerstört hätte. Die Bauten wurden aber teilweise und indirekt von Ludwig XIV. gerettet. Gaston d'Orléans hatte nämlich bis 1638 den Rang des Thronerben, als die Geburt seines Neffen Louis seine Hoffnungen auf die Krone zerstörte. Der Flügel, den er zwischen 1634 und 1638 erbaute, ist ein Meisterwerk französischer Baukunst, doch wurde dafür die architektonisch eigenwillige „Perche aux Bretons" abgerissen. Dieser Bau vom Ende des 15. oder vom Beginn des 16. Jahrhunderts ist nur aus Stichen bekannt. Mansart setzte auf das Treppenhaus, das die gesamte Tiefe des neuen Flügels einnahm, eine Kuppel mit Laterne*; sie zeigt, daß er seinem römischen Zeitgenossen Bernini künstlerisch in nichts nachstand.

Wie La Fontaine bemerkte, wurde Schloß Blois „in mehreren Anläufen erbaut, teils unter Franz I., teils unter einem seiner Vorgänger. Der moderne Wohntrakt wurde von Monsieur (Gaston d'Orléans) begonnen. Alle drei Teile ergeben keine Symmetrie, Gott sei Dank, und weisen auch keinerlei Ähnlichkeit oder Übereinstimmung auf" (Brief La Fontaines an seine Frau). Die umfangreichen Arbeiten unter Jacques Félix Duban aus der Mitte des 19. Jahrhunderts sind kaum mehr als Restaurierung einzustufen. Ihnen ist die Innenausstattung im Stil der Neorenaissance zu verdanken.

Charles, Herzog von Orléans, der Dichter in seinem Schloß in Blois

Charles d'Orléans (...) zog sich, als er um die fünfzig Jahre alt war, nach seiner langen Gefangenschaft, endlich frei von den Sorgen um das öffentliche Wohl und ohne Ansprüche auf den Thron, zurück in sein geliebtes Blois. An den Ufern der Loire führte er ein gutes und müßiges Leben inmitten seines kleinen Hofstaates aus gebildeten Adligen und bedürftigen Dichtern. Seine letzten Tage verlebte er als liebenswürdiger und enttäuschter Mann von Welt: (...) Er freute sich an seinem illusionslosen Leben und war auf den Tod gefaßt. Er wünschte sich nur noch, „im Winter nichts als Feuer und im Sommer nichts als zu trinken", in guter Gesellschaft und mit heiteren Reden kümmerte er sich nicht um den Rest der Welt und verlangte von ihr nicht mehr, als er von ihr bekam.

Gustave Lanson (1857–1934)
Histoire de la littérature française

Der im 19. Jahrhundert von Duban neu eingerichtete Saal.

Die Ermordung des Herzogs de Guise auf Schloß Blois

Henri, Herzog de Guise, bekannt als das „Narbengesicht", führte die Katholische Liga an. Aufgrund des königlichen Machtverlusts spielte er in Frankreich eine immer bedeutendere Rolle. Er veranlaßte die Einberufung der Generalstände und forderte für sich das Amt des Generalleutnants. Heinrich III. fürchtete um seine Sicherheit, floh aus Paris, doch konnte er nicht verhindern, daß die Generalstände in Blois zusammenkamen.
1588 beschloß der König, seinen Rivalen auszuschalten:
„Gegen acht Uhr wurde der Herzog de Guise von seinen Kammerdienern geweckt. Sie teilten ihm mit, daß der König aufbrechen wolle. Daraufhin stand er auf, zog ein Gewand aus grauem Atlas an, begab sich zum Rat und nahm kurz darauf Platz:
- Mir ist kalt, das Herz tut mir weh; man soll ein Feuer anmachen!
Der König rief ihn zu sich in das alte Kabinett, und so begab er sich dorthin. Er wurde mit einem Dolch angegriffen.
Bei jedem Dolchstoß rief der Herzog aus:
- Ihr da! Meine Freunde! He!
Als ihn ein Dolchstoß des Herrn de Suriac im Rücken traf, rief er laut:
- Gnade!

Obwohl sein Schwert im Mantel steckte und seine Beine gefesselt waren, gelang es ihm, kräftig wie er war, sich von einer Ecke des Zimmers in die andere zu schleifen, bis er am Fußende des Bettes vollkommen zusammenbrach."

François Miron
Umstände des Todes des Herrn und Herzogs de Guise

Bon Hôtel

Bon Hôtel ist eines der eindrucksvollsten Beispiele für die Jagdschlösser, die in der zweiten Hälfte des 19. Jahrhunderts und bis etwa 1914 entstanden. Sie wurden inmitten jener großen Landgüter errichtet, die sich der alte Adel oder die neuen Industriemagnaten in der Sologne sichern konnten. Diese Landschaft ist durch ihre Natur ebenso begünstigt wie durch die Nähe zu Paris.

Bon Hôtel wurde 1882 von Georges Dupré de Saint-Maur und Clément und Louis Parent an der Stelle eines alten Schlosses am höchsten Punkt eines großen Parks errichtet, in dem die Eigentümer Hetzjagden veranstalteten. Die Architekten bauten unermüdlich Schlösser im eklektischen Stil.

Bon Hôtel orientierte sich an dem nahe gelegenen Chambord und an Chenonceaux. Die große Eingangshalle, die dem Empfang der Jagdgesellschaften diente, ist typisch für diese Art von Schlössern.

BOUCARD

OBEN:
Hofseite des rechten Flügels von 1560.

RECHTE SEITE:
Außenansicht. Die Bausubstanz des Schlosses stammt aus dem 15. Jahrhundert.

Der Ort verdankt den Namen einer Familie aus der Gascogne, die im 14. Jahrhundert nach Berry kam. Im 15. Jahrhundert ließ sie um einen rechteckigen Hof ein Schloß errichten, von dem noch die Außenmauern, die Ecktürme und der Eingang stehen. Später riß man den rückwärtigen Flügel ab und öffnete den Hof zur Sauldre, einem Zufluß des Cher.

Die beiden Flügel auf der rechten und linken Seite des Hofs sind zwei anschauliche Beispiele der französischen Renaissance. Antoine de Boucard, ein Edelmann am Hof von Franz I., ließ zwischen 1520 und 1530 den linken Flügel erbauen.

Der rechte Flügel ist ein Meisterwerk der klassischen Renaissance, die sich gegen Ende der Herrschaft von Franz I. ausgeprägt hatte und Künstlern wie Pierre Lescot und Philibert de l'Orme zu verdanken war, die vor allem unter Heinrich II. tätig waren.

Tympanon der Tür zur Treppe im rechten Flügel.*

Dieser Flügel stammt nach dem Datum auf einem Kaminsturz aus dem Jahr 1560 und wurde für François de Boucard, den Sohn Antoines und Stallmeister Heinrichs II., erbaut. Als der König 1559 starb, ergriff François de Boucard die Partei der Reformierten und setzte sich für deren Anführer Condé ein, den auch das Berry stark unterstützte.

Die Hoffassade des Flügels beeindruckt durch die Breite der Mauerpfeiler und den Wechsel schmaler und breiter Joche*. Die Türdurchbrüche im Erdgeschoß stammen aus dem 19. Jahrhundert. Der Eingangsbereich ist mit übereinandergestellten Säulenordnungen verziert und führt zur gegenläufigen Treppe*. Im Obergeschoß liegen ein großer Saal und ein weiteres großes Zimmer, deren riesige Kamine wahrscheinlich zusammen mit dem Rohbau entstanden.

Philibert de Montault, den Ludwig XIV. an den Hof rief, hielt sich von 1671 bis 1674 in Boucard auf und ließ den hinteren Flügel abreißen. Eine Reihe von Loireschlössern hat auf ähnliche Weise im 17. Jahrhundert einen Flügel verloren, so daß aus dem geschlossenen Hof ein U-förmiger Grundriß wurde. Bevorzugt riß man den Flügel nieder, der den Blick auf den Fluß oder Strom verdeckte.

Einer der Kamine im rechten Flügel.

Boumois

OBEN:
Vorderseite des Wohntraktes.

RECHTE SEITE:
Flügel der Treppentür.

Die Geschichte dieses Schlosses ist voller Ungewißheiten. Ein Hochwasser der Loire schwemmte im 18. Jahrhundert die Ruinen einer ersten Burg weg, die auf einer Insel im Fluß stand. Sie soll im 13. Jahrhundert erbaut und von den Engländern im Hundertjährigen Krieg zerstört worden sein. Der heutige Standort, vom Flußufer entfernt und im Schutz der Deiche, wurde vermutlich nach 1482 gewählt, als man die Deiche verstärkte. Mit dem Bau des Schlosses könnte demnach Ende des 15. Jahrhunderts begonnen worden sein. Das Dekor der Fenster erinnert allerdings an die Arbeiten in Meillant vom Beginn

des 16. Jahrhunderts. Die Kapelle wurde 1530 begonnen und 1546 geweiht; sie ist das Werk von René de Thory, dem Herrn von Boumois, und seiner Frau Anne Asse. Davon zeugen die bemerkenswerten Glasfenster aus der Zeit um 1540, die heute verschwunden oder zerstört sind, und das Patrozinium der Heiligen Anna, der Patronin der Gründerin.

Die ersten Bauarbeiten sind wohl kaum den Eheleuten zuzuschreiben; mit Sicherheit geht nur der Türflügel des Treppenturmes, das einzig erhaltene Stück, das wirklich der Renaissance zuzurechnen ist, auf die beiden zurück. Das Schloß dieser Tür ist eine beachtliche Kunstschmiedearbeit und trägt das Wappen von René de Thory. Mitte des 16. Jahrhunderts bestand das Schloß aus einem Haupthaus, das auf der Rückseite von zwei Rundtürmen, auf der Vorderseite von einem großen Pavillon*, einem Treppenturm und einem Türmchen mit dem Annex der Kapelle flankiert wurde. Flache Anbauten und zwei Rundtürme, die noch erhalten sind, schlossen den Hof ab, Gräben umsäumten das Ganze. René Gaultier, Anwalt im Grand Conseil des Königs, erwarb Boumois kurz nach 1612 und ließ die Nebengebäude umbauen. 1628 riß das Hochwasser den Flügel eines Nebengebäudes weg. Um 1700 erwarb René Berthelot aus Villeneuve, Rat am bretonischen Rechnungshof, das Schloß. Er ließ die Gräben versetzen, um Terrassen am unteren Teil des Hauses anzulegen. Der jetzige Eigentümer plant, einige Anbauten des 17. und 18. Jahrhunderts abzureißen. Die Fenster des Erdgeschosses sollen im Stil der Zeit um 1500 renoviert werden, ein Portal im hinteren Teil des Gartens soll den Zugang zum Hof gewähren.

Portal des Vorhofs.

LINKE SEITE:
Der Taubenschlag von innen.

OBEN:
Seitliche und rückwärtige Ansicht.

Brissac

LINKE SEITE:
Die Eingangsseite des imposanten Schlosses.

OBEN:
Ansicht von links. Die unvollendeten Umbauten der Jahre 1614 bis 1620 ließen die Rundtürme der Bauabschnitte des 15. und 16. Jahrhunderts nahezu unverändert. In dem auf beiden Fotos sichtbaren Eckturm befindet sich die Kapelle, die an dem gotischen Fenster erkennbar ist: Die Sakralarchitektur behielt diesen Stil lange Zeit bei. Der mit Säulen verzierte und mit einem Walmdach bekrönte Hauptbau enthält die große Treppe: Sie sollte das Zentrum der neuen Fassade werden.

Ein Schloß folgt dem anderen, steht auf dessen Fundament und verwendet dessen Baustoffe wieder. Schloß Brissac ist das beste Beispiel für diesen Kreislauf. Das neue Schloß hat das alte noch nicht ganz verschwinden lassen, denn zwei Rundtürme blieben erhalten. Das alte Schloß wurde gegen Ende des 15. Jahrhunderts für die Familie de Brézé oder zu Beginn des 16. Jahrhunderts für René de Cossé, der es 1502 erwarb und von dem die heutigen Eigentümer abstammen, wieder aufgebaut. Das moderne Schloß entstand zwischen 1614 und 1620 für Charles II. de Cossé, den ersten Herzog von Brissac. In ganz Frankreich wurde in diesen beiden Epochen intensiv gebaut.

Die Architekten und Baumeister des neuen Schlosses waren ortsansässige und kaum bekannte Künstler und Handwerker wie Jacques Corbineau, Léonard Malherbe,

OBEN:
Die Küche.

LINKE SEITE:
Das Vestibül, das zu der großen Treppe führt.

René Lemeunier, Michel Huttin und vielleicht auch Julien Dangluze, der auch für den König in Fontainebleau tätig war. Der hohe Pavillon*, der das Zentrum der Hauptfassade bilden sollte, beeindruckt durch fünf übereinandergestellte architektonische Ordnungen. Eine kleine Laterne* mit einer Merkurstatue überragte das Kuppeldach. Die Bauarbeiten wurden durch den Tod Charles' II. im Jahr 1621 unterbrochen. Jeanne Say, die Witwe des 1871 gefallenen Herzogs von Brissac, ließ das Schloß renovieren und 1883 ein Theater im Stil des 17. Jahrhunderts erbauen.

OBEN:
Das sogenannte Zimmer Ludwigs XIII.

LINKE SEITE:
Das Jagdzimmer verdankt seinen Namen sechs flandrischen Tapisserien von 1570.

NEBENSTEHEND:
Oben die große Galerie mit der 1625 ausgemalten Decke. Unten der große Salon. Im Hintergrund das Porträt des achten Herzogs von Brissac.

RECHTE SEITE:
Das 1883 erbaute Theater.

Chambord

„Was läßt sich über Chambourg (sic) sagen, das, obgleich unvollkommen und nur zur Hälfte vollendet, jeden in Erstaunen und Bewunderung versetzt, wenn er es sieht?" Brantôme gibt die Antwort selbst: „Wäre das Kunstwerk nach dem Bauplan beendet worden, zählte es zu den Weltwundern." (*Vie des Hommes illustres et des Grands Capitaines français*, Ende 16. Jahrhundert). Darüber hinaus birgt Chambord noch Erstaunlicheres in sich: das Schloß, das es hätte sein können.

Am Anfang waren hier eine Burg, der Wald und der Fluß Cosson, ein kleiner Nebenfluß der Loire. Die Burg wurde abgerissen, doch der Neubau war mit dem starken Donjon*, der niedrigen Ringmauer und den runden Ecktürmen wie eine befestigte mittelalterliche Anlage umbaut. Acht Wegstunden (32 Kilometer) läuft eine Mauer um den 5 500 Hektar großen Wald. Ursprünglich plante der König, die Loire umzuleiten, damit das Schloß abgeschieden läge. Dieser Plan wurde nur im Ritterroman *Amadis de Gaule* verwirklicht, den Franz I. 1543 übersetzen ließ; Chambord erschien darin als der „Palast der abgelegenen Insel".

1519 begann Franz I. mit dem Neubau des Schlosses. Infolge zahlreicher Schwierigkeiten, zu denen die Niederlage von Pavia und die Gefangennahme des Königs kamen, stagnierten die Bauarbeiten von 1524 bis 1526. Der Neubeginn 1526 änderte die Baupläne entscheidend. Endgültig eingestellt

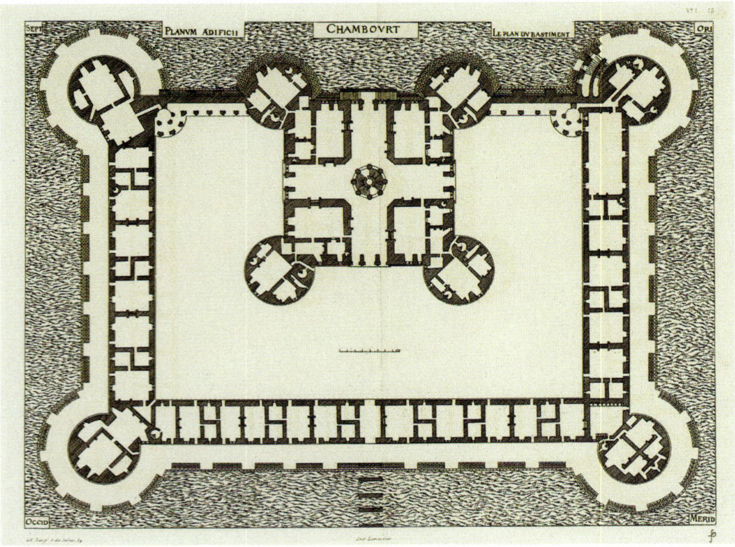

NEBENSTEHEND UND UNTEN:
Rückseite und Grundriß des Schlosses, Auszug aus Les plus excellents bastiments de France *von Jacques Androuet Du Cerceau (1576).*

RECHTE SEITE:
Die Vorderseite des Schlosses.

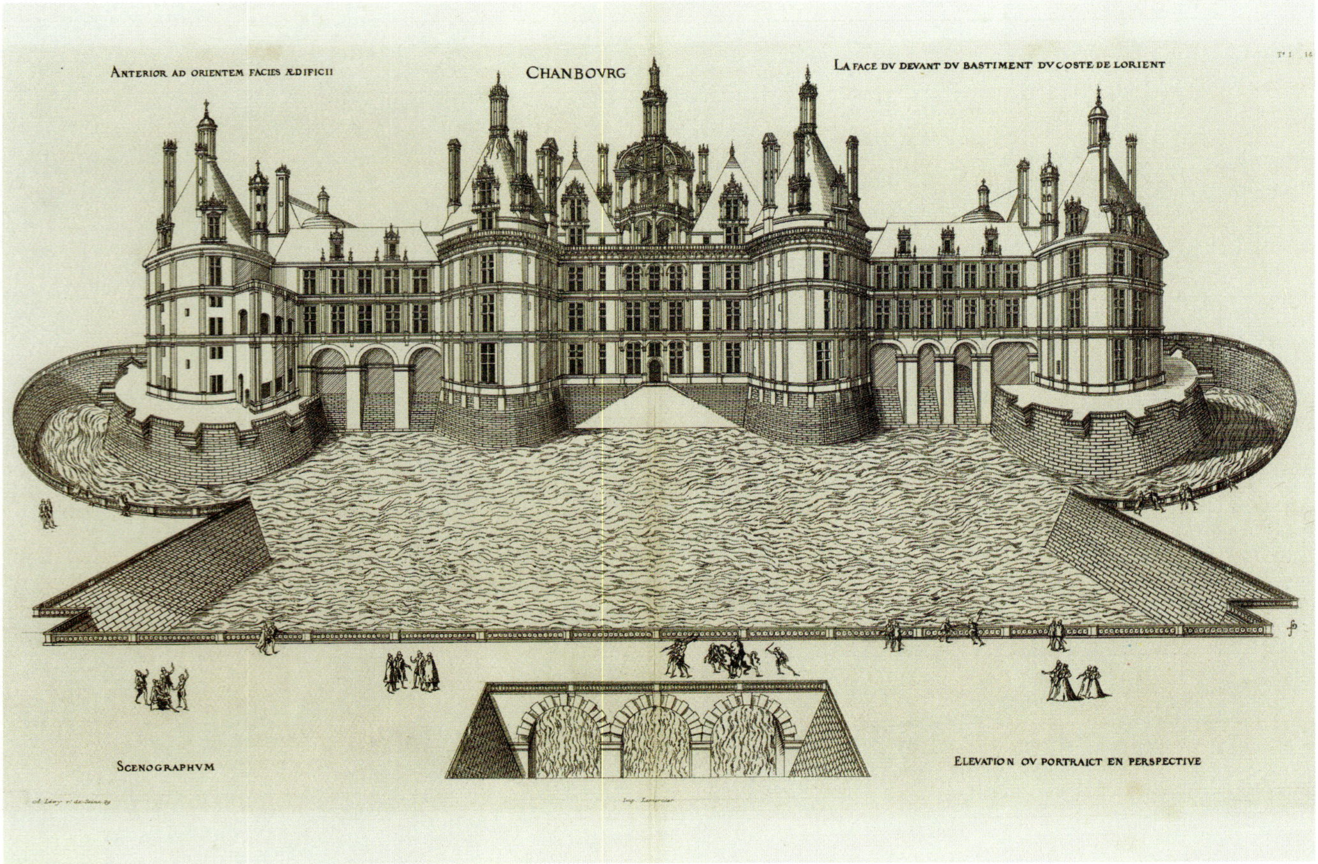

wurden die Arbeiten nach dem Tod Heinrichs II. (1559). Restaurierungen vom 17. Jahrhundert bis zur Gegenwart bewahrten die Bausubstanz des 16. Jahrhunderts.

Die Quellen nennen weder den Namen des Architekten für den Neubau von 1519 noch den Inhalt des Bauvorhabens. Die lokalen leitenden Baumeister, von denen einige Analphabeten waren, Jacques Sourdeau, Pierre Nepveu, genannt Trinqueau, und Jacques Coqueau kommen als Architekten nicht in Frage. Domenico da Cortona, einer der italienischen Künstler, die mit Karl VIII. nach Frankreich gekommen waren, baute lediglich Modelle für Chambord. Eines seiner stark beschädigten Modelle war noch im 17. Jahrhundert zu besichtigen und wurde damals gezeichnet: Es stellte eine Variante des später ausgeführten Projekts dar. Das Bauwerk wird heute allgemein Leonardo da Vinci zugeschrieben, den Franz I. 1516 in Clos-Lucé, in der Nähe von Amboise, unterbrachte. Da Vinci hatte gerade ein gigantisches Bauprojekt für ein königliches Schloß in Romorantin ausgearbeitet. 1519, zu Beginn der Bauarbeiten von Chambord, starb der Künstler. Sein Tod kann zum Teil die wirren Umstände zu Baubeginn erklären.

OBEN:
Der rechte Hof. Links sieht man die beiden Rundtürme des Donjons; rechts der Flügel, in dem die Räumlichkeiten für Franz I. eingerichtet wurden.

LINKE SEITE:
Ausschnitt aus dem obigen Bild. Die Treppe führt in die Räume Franz' I.

Der tiefere Sinn hinter den Stufen

„Die Treppe ist das bemerkenswerteste und eigenwilligste Element des gesamten Hauses. Sie ist so angelegt, daß eine Person die Treppe hinaufgehen und eine andere die Stufen hinuntergehen kann, wobei sich beide zwar sehen, jedoch nicht treffen. Der Herr des Hauses fand Gefallen daran, dieses Spiel mit mir zu veranstalten. Er befand sich oben auf der Treppe, als ich ankam. Er stieg herab, als ich hinaufstieg. Der Gedanke, daß ich glaubte, ihn einholen zu müssen, amüsierte ihn sehr. Ich freute mich mit ihm, um so mehr, als ich mit ihm zusammentraf."

Mademoiselle de Montpensier, *Erinnerungen*, 1659

Leonardo hatte nur eine Idee hinterlassen, die zudem noch so ungewöhnlich war, daß die französischen Baumeister sie nicht umzusetzen wußten. Das Schloß sollte auf einen quadratischen Donjon* mit runden Türmen und einen geschlossenen Hof reduziert werden. In der Mitte des Donjons, am Schnittpunkt der vier großen, wie ein griechisches Kreuz angeordneten Gardesäle, erhob sich eine große Treppe mit vier ineinanderverschlungenen Aufgängen. Die Gliederung der Fassaden und die Aufteilung der Innenräume sollte der Schraubenform der Treppe folgen und den Donjon in eine Art Turbine verwandeln, eine der Maschinen, deren Mechanismus Leonardo untersucht hatte. Bei der Wiederaufnahme der Arbeiten nach Niederlage und Gefangenschaft besann man sich nun ebenso wie bei den Staatsgeschäften auf die Vernunft. Man versuchte, die Symmetrie der Fassaden wiederherzustellen. Die Treppe mit nur mehr zwei Wendelungen

LINKE SEITE:
Die Laterne bekrönt die zentrale Treppe des Donjons oberhalb der Terrassen.*

OBEN:
Oberer Teil der Haupttreppe im Donjon. Der Salamander und das „F" von Franz I.

Die Wendeltreppe in der Mitte des Donjons: Sie besteht aus zwei unabhängigen Aufgängen gleicher Richtung und gleicher Steigung.

sollte die Gemächer verbinden. Das Königszimmer, zunächst auf das allgemein übliche Viertel verkleinert, wurde durch Gebäude an den Kurtinen* des Hofs erweitert. Auf den Terrassen wurden üppig verzierte Kamine und Lukarnen* angebracht. Das Projekt von 1519 war ein typisches Produkt der Renaissance. In Rabelais' fiktiver Abtei Thélème wurde die Konstruktion von Chambord erstmals literarisch beschrieben (1532). Mit seinem prunkvoll geschmückten Dach kehrte Chambord aber zu den Schlössern der Prinzen Frankreichs zurück, wie sie Anfang des 15. Jahrhunderts in den *Très Riches Heures* des Herzogs von Berry dargestellt wurden, zum Schloß der Erzählungen und Legenden, ein „Palast von Alcine und Morgan", so der venezianische Gesandte Lippomano (1577).

Ein Kabinett aus den Räumen Franz' I.: der Salamander und das „F" des Königs, die königliche Lilie und mit Lilien verzierte Wappenschilde.

Eine gelehrte Gesellschaft am Hof

„Ohne Franz I. schmeicheln zu wollen, muß ich doch darauf hinweisen, daß ich bei einigen Gastmahlen, an denen zahlreiche wichtige Persönlichkeiten teilnahmen, zugegen war. Ich habe Bischöfe, Kardinäle und Päpste beobachten können, nur beim König von Frankreich hatte ich einer Tafelrunde mit so edlen Gästen beiwohnen können. Die Lesungen, die sie abhielten, die Themen, die sie berührten, und die Unterhaltungen, die sie führten, waren so tiefgründig, daß selbst ein hoher Gelehrter seine Kenntnisse noch erweitern konnte. Ob höchste Kriegsherren oder Literaten, alle gewannen bei diesen Zusammenkünften. Ich sage noch mehr, wenn es mir gestattet ist, ins Detail zu gehen: Künstler, Gärtner, Landwirt – sie alle hätten im Gespräch mit dem König neue Erkenntnisse gewinnen können. Der Monarch konnte nur mit Mühe sprechen, und man mußte an seinen Lippen hängen, um ihn verstehen zu können, da er aufgrund einer Krankheit sein Zäpfchen verloren hatte. Er war auf nahezu allen Gebieten sehr bewandert, nur die lateinische Sprache hatte er nicht erlernt."

Hubert Thomas von Liège, Diplomat, 1495–1555.

Der Wandbehang „Die Jagd des Königs Franz" besteht aus acht Teilen und wurde im ersten Viertel des 17. Jahrhunderts in den Werkstätten im Faubourg Saint-Marcel bei Paris nach Kartons von Laurent Guyot, einem Hofmaler Heinrichs IV., gestickt. Die dargestellte Kleidung entspricht der Zeit Franz' I. Die beiden Szenen zeigen die Falkenjagd.

OBEN:
Der Aufbruch zur Jagd.

RECHTE SEITE:
Die Falken werden freigelassen. In der Bildmitte sitzt ein Falke bereits auf seiner Beute.

LINKS:
Einer der acht Wandbehänge aus der Serie „Die Jagd des Königs Franz".

OBEN:
Wandbehang „Die Jagd des Königs Franz" in sechs Teilen. Diese zweite Teppichfolge entstand zeitgleich mit der anderen; nach Entwürfen desselben Künstlers wurde sie in derselben Werkstatt gearbeitet. Der Unterschied zu der ersten Folge liegt in den aufwendigen Bordüren.

RECHTE SEITE UND NEBENSTEHEND :
Zwei Teile aus der zweiten Teppichfolge „Die Jagd des Königs Franz". Die beiden Behänge zeigen die Jagd mit Falken, Gewehr, Netz oder auch mit Fallen. Nicht gezeigt wird die Hetzjagd, obwohl sie im großen Park von Chambord sehr beliebt war.

„Der Bürger als Edelmann" von Molière, aufgeführt in Chambord

„Der König wünschte, nach Chambord zu reisen, um dort Zerstreuung in der Jagd zu finden. Seinen Hofstaat dagegen wollte er mit einem Ballett erfreuen. Die Türken, die er gerade in Paris gesehen hatte, wollte er auch auf seine Bühne holen. Seine Durchlaucht wies mich an, mich an Molière und Lulli zu wenden, um ein Theaterstück auszuarbeiten, das von den türkischen Sitten handelt und durch die entsprechenden Kostüme auffällt. Daher begab ich mich in das Dorf Auteuil, wo Herr Molière ein sehr schönes Haus besaß. Dort arbeiteten wir an dem Theaterstück, das Molière unter dem Titel „Der Bürger als Edelmann", der sich als Türke verkleidet, um die Tochter des großen Herrn heiraten zu können, veröffentlichte. Ich selbst war mit all den Aufgaben betraut, die mit den türkischen Kostümen und Sitten verbunden waren. Nachdem das Stück vollendet war, wurde es dem König vorgestellt, der damit einverstanden war. Ich verbrachte eine Woche bei Baraillon, dem Schneidermeister, um die Kostüme und Turbane anfertigen zu lassen. Alle Requisiten wurden nach Chambord befördert, wo das Stück im September aufgeführt wurde. Es wurde ein großer Triumph, der sowohl den König als auch den gesamten Hof zufriedenstellte.
Wegen des ungeheuren Erfolgs wurde die Aufführung mehrmals wiederholt, überall verlangte man nach einer weiteren Vorstellung. An der darstellerischen Leistung gab es nichts auszusetzen. Die türkisch anmutenden Szenen wollte man sogar in das Stück 'Tanz der Psyche' einbauen, das im folgenden Karneval gegeben werden sollte. Genauer betrachtet, paßten diese zwei Themen nicht gut zusammen, und so gab man diesen Entschluß auf."

Chevalier d'Arvieux, 1635–1702,
Mémoires (1735)

Champigny-sur-Veude

OBEN:
Die Stiftskirche.

RECHTE SEITE :
Der Gang erstreckt sich längs der Kirche und führt zu den Gebetsräumen.

Louis de Bourbon, von einer jüngeren Linie der Herzöge von Bourbon abstammend, erbte um 1470 das alte Schloß Champigny. 1498 gründete er dort ein Kanonikerstift und begann gleichzeitig mit dem Bau der Stiftskapelle.

Nach der Heirat mit seiner entfernt verwandten Cousine Louise de Bourbon-Montpensier im Jahr 1504 ließ er vermutlich 1508 den Grundstein für ein neues Schloß legen. Als er 1520 starb, führte sein Sohn Louis, der erste Herzog von Montpensier,

OBEN :
Die Stiftskirche. Rechts die Verbindungstür zwischen der Vorhalle und dem Inneren der Kirche.

RECHTE SEITE :
Vorhalle der Stiftskirche.

den Bau fort. Bei dessen Tod im Jahr 1592 waren die Bauarbeiten zwar noch nicht abgeschlossen, aber bereits ziemlich weit fortgeschritten. Unglücklicherweise befand sich das Schloß der Montpensiers in der Nähe des Schlosses von Richelieu, das der mächtige Kardinal um 1630 wieder aufbauen ließ. Da er in seiner Nachbarschaft keine Konkurrenz duldete, zwang er Marie von Montpensier, einen Tausch anzunehmen, und gewann so Champigny. Er zerstörte das Schloß, von dem nur die Wirtschaftsgebäude mit dem beachtlichen Jupiterportal aus der zweiten Hälfte des 16. Jahrhunderts erhalten blieben. Den Abriß der Stiftskapelle, die wegen ihrer Passionsreliquien als „Heilige Kapelle" bezeichnet wurde, untersagte ihm der Papst. Was dem Kardinal nicht gelang, erreicht die Nachwelt: Sie läßt dieses Meisterwerk der französischen Architektur samt seinen bewundernswerten Glasfenstern verfallen.

Die im gotischen Stil errichtete Kapelle wurde 1545 geweiht. Der Kardinal de Givry, Bischof von Langres und Onkel Jacquelines de Givry, die sich 1538 mit dem Herzog von Montpensier vermählte, stiftete die Glasfenster. Möglicherweise geht auch der Bau der klassischen Vorhalle auf den Kardinal zurück; sie erinnert an die Arbeiten, die der Kardinal in seiner Kathedrale in Langres ausführen ließ. Die Vorhalle trägt die Daten

Die Vorhalle der Stiftskirche. Der Jupiterpavillon, der zum Wirtschaftshof führt.

1549 und 1558; der Kardinal starb aber erst im Jahr 1561. Die Glasfenster zeigen die Kreuzigung Christi, das Leben Ludwigs IX. des Heiligen, auf den das Haus Bourbon-Montpensier zurückgeht, und die Porträts der berühmten Familienmitglieder, deren Grabmale sich in der Kapelle befinden. Vom Grab des Herzogs Henri de Bourbon, das

nach seinem Tod (1609) von seiner Tochter Marie errichtet wurde, steht nur mehr das Grabbild. Ursprünglich stand sie auf vier Säulen auf der Einfriedung des rechten Oratoriums. Dieses war als Gebetsraum dem Grundherrn vorbehalten, seine Gattin hatte das Oratorium zur Linken.

Die Wirtschaftsgebäude, die neben der Stiftskirche einzigen erhaltenen Teile des Schlosses.

Chanteloup

Nur die 40 Meter hohe Pagode ist vom Schloß von Chanteloup übriggeblieben, das Etienne-François de Choiseul 1761 erwarb. Er war ein Schützling der Madame Pompadour und schlug zunächst die Laufbahn eines Diplomaten und dann die eines Ministers ein. 1757 wurde ihm der Herzogtitel verliehen, 1758 übernahm er schließlich ein Amt, vergleichbar mit dem eines Premierministers, doch im Jahr 1770 verbannte man ihn nach Chanteloup. Mit der Pagode, die von 1773 bis 1778 von dem Architekten Louis-Denis Le Camus errichtet wurde, wollte Choiseul, der als Minister in Ungnade gefallen war, den Freunden, die ihm treu geblieben waren, seine Dankbarkeit bezeugen. Das chinesische Modell, das durch die Publikationen von William Chambers bekannt und in den Kew Gardens bei London sehr frei nachgeahmt wurde, ist in Chanteloup kaum mehr wiederzuerkennen. Trotz der zahlreichen Stockwerke und der leicht geneigten Dächer zeigt sich in den Ornamenten der klassische Stil deutlich.

Die Pagode ist kein Zierelement eines anglo-chinesischen Gartens, sondern ein Beobachtungsstand; an der Kreuzung von fünf Forststraßen konnte hier die Jagd verfolgt werden.

Châteaubriant

Rechts der alte Hof und das „Alte Schloß", links der alte Vorhof und das „Neue Schloß".

Die Anlage dieses Schlosses mit Hof und Wirtschaftshof geht auf eine Burg des 11. und 12. Jahrhunderts zurück. Die Bauten der ersten, den Hof umgebenden Anlage wurden nach dem Bau des „Neuen Schlosses" im Wirtschaftshof das „Alte Schloß" genannt. Der rechteckige Donjon*, der mit beiden Höfen verbunden ist, weist unter den Verkleidungen des 14. Jahrhunderts noch Mauerwerk des 11. oder 12. Jahrhunderts auf.

Der weitgehend erhaltene, turmbewehrte Mauerring um Hof und Wirtschaftshof wurde im 13. und 14. Jahrhundert erneuert. An der Grenze zwischen der Bretagne

Flügel des „Neuen Schlosses", der vielleicht von Jean de Laval erbaut wurde. Dies wäre sein letzter Auftrag gewesen (er starb 1543). Dieser Flügel aus Schiefer und Ziegel steht aber in starkem Gegensatz zum Wohntrakt (links im Bild), der mit Sicherheit Jean de Laval zuzuschreiben ist.

und dem Anjou gelegen, spielte Châteaubriant im 14. Jahrhundert eine entscheidende Rolle im Krieg der beiden Nachfolger des bretonischen Herzogs, die jeweils vom König von Frankreich und vom König von England unterstützt wurden. Dieser Streit war Teil des Hundertjährigen Kriegs, eines langwierigen Konflikts zwischen den beiden Monarchien. Die Burg war im Besitz von Guy XII. de Laval, der aus einer der wichtigsten Familien der Bretagne kam. Er hatte 1348 die Erbin Louise de Châteaubriant geheiratet und dann mit dem Wiederaufbau des sogenannten „Alten Schlosses" begonnen. Die Grenzlage des Schlosses erklärt die Verwicklung Guys XII. in diesen Konflikt, der zuletzt auch auf das weitentfernte Loiretal übergriff.

1488 belagerte König Karl VIII. das Schloß während seines Krieges mit Herzog François II., dessen Tochter und Erbin Anne er später heiratete. Anne de Bretagne lenkte als Königin von Frankreich ihr Herzogtum von ihren Residenzen an der Loire aus, so von Nantes, der etwas abgelegenen Hauptstadt der Bretagne, oder von den königlichen Schlössern Amboise oder Blois. Die Artillerie der Belagerer zerstörte Châteaubriant völlig. Der Neubau ließ es dann zu einem Hauptwerk der Loire-Renaissance werden. Bauherr war wieder ein Laval: Guy XIV., der die Erbin

Der Wohntrakt des „Neuen Schlosses" vom Portikus des Flügels aus gesehen.

des Herzogtums, Françoise de Dinan, heiratete. Die verwitwete Françoise de Dinan oder ihr Sohn François (er starb 1503, nur drei Jahre nach seiner Mutter) ließ im Wirtschaftshof die neuen herrschaftlichen Wohngebäude errichten. Damit folgten sie einer ab der Mitte des 15. Jahrhunderts verbreiteten Entwicklung. Um mehr Annehmlichkeiten und Wohnkomfort zu erreichen, weitete man die Schlösser in die Wirtschaftshöfe aus. Die neuen Gebäude von Châteaubriant lehnten an der Innenseite der Umfassungsmauer. Der Wohntrakt aus der Zeit um 1500 öffnet sich auf die in einem Teil des Hofes angelegten Gärten. Gerade in dieser Anlage, die man die „Großen Gärten" nannte, um sie von den in der Mitte des 16. Jahrhunderts angelegten „Kleinen Gärten" zu unterscheiden, wird der gewandelte Lebensstil deutlich. Auf Kosten der Nutzfläche wurden jetzt „kleine" Gärten in den Wirtschaftshöfen und ausgedehnte im Außenbereich eingerichtet. Drei Seiten der „Kleinen Gärten" lagen zu den Galerien hin, die vierte schloß an den neuen Wohnbau, die *Salle Verte* (Grüner Saal — ein Hinweis auf den Garten¿). Dieser Trakt wurde für Jean de Laval, François' Sohn und Erben, modernisiert: Er ließ die Fenster vergrößern und mit rauten- und scheibenverzierten Pilastern* im Stil der italianischen Renaissance versehen. Die Fenster datieren aus den Anfängen dieses Stils, vielleicht kurz nach der Übernahme des Schlosses durch Jean de Laval im Jahr 1503.

Jean de Laval ist die wichtigste Gestalt in der Geschichte des Schlosses. Er nahm am Hof Franz I. einen außergewöhnlichen Platz ein, da seine Frau Françoise de Foix sich der Gunst des Königs erfreute. Zum Beweis: 1531 wurde er Gouverneur der Bretagne. Bis zu seinem Tod (1543) gelang es ihm, den ehemaligen Wirtschaftshof zu einem Ehrenhof umzugestalten. Der Bau, den Jean de Laval in der Verlängerung der *Salle Verte* errichtete, zeigt die Nähe Châteaubriants zu Blois und Chambord. Während die *Salle Verte* noch aus dem üblichen bretonischen Schiefer errichtet wurde, verwendete man für das „Neue Schloß" den weißen Kalkstein des Loiretals. Doch dieses durch den Transport sehr teure Material wurde nur als Schnittstein für Jocheinfassungen*, Pilaster* und andere Schmuckelemente verwendet; die Bruchsteine wurden hinter Verputz versteckt. Auch andere Elemente der Loire-Renaissance tauchen hier auf: gegenläufige Treppen*, Fensterkreuze und Lukarnen*, übereinandergestellte Pilaster und Medaillons. Aber der Stil ist hier weiter entwickelt als in Azay-le-Rideau oder in Blois: Die Treppen sind mit einem Tonnengewölbe und nicht mehr mit einem Gurtgewölbe bedeckt; die Pilaster entsprechen in der Abfolge der übereinandergestellten Ordnungen, ionisch, korinthisch und komposit, den Regeln der Architekturtraktate. Aus der eingefügten Jahreszahl „1537“ schloß man auf die Fertigstellung des „Neuen Schlosses“ zu diesem Zeitpunkt: Jedenfalls ist damit nicht der Beginn der Arbeiten bezeichnet.

Der rückwärtige Flügel mit der Galerie im oberen Stockwerk und dem Treppenpavillon ist wohl kaum unter Jean de Laval entstanden: Fensteröffnungen, Pilaster und Gesimse* sind wieder aus dunklem Schiefer und die Füllungen aus Ziegel. Der Portikus mit seinen toskanischen Säulen und Rundbögen und die Giebel der Lukarnen folgen dem klassischen Formrepertoire der Architekturtraktate. Es läßt sich nicht beweisen, daß dieser Flügel bei Jean de Lavals Tod schon begonnen war. Nach einer Anekdote war aber diese Formensprache schon früh in Châteaubriant vertreten. Die *Contes d'Eutrapel* erzählen von einem bretonischen Baumeister, der auf die Baustelle gerufen wurde und dort auf gelehrte Architekten traf, die „nichts im Kopf hatten als Giebeldächer, Sockel, Obelisken, Säulen, Kapitelle, Friese, Fundamente, Dinge, von denen er in seinem Leben noch nichts gehört hatte“.

Die Treppe im Haupttrakt.

Châteaudun

Die bemerkenswertesten Abschnitte wurden zwischen 1450 und 1475 im Auftrag von Jean d'Orléans von Nicole Duval, Baumeister der Stadt Rouen, errichtet. Jean, der „Bastard von Orléans", hatte mit Jeanne d'Arc gegen die Engländer gekämpft und war einer der bedeutendsten und gebildetsten Herren am Hof. Der Chronist Jean Chartier nannte ihn „einen der schönsten Redner der französischen Sprache". Jean war Sohn des Herzogs Louis I. d'Orléans und damit Neffe König Karls VI. 1439 erhielt er von seinem Halbbruder Charles d'Orléans, dem Dichter und Grafen von Blois, die Grafschaft Dunois mit der Hauptstadt Châteaudun. Das 1451 begonnene Schloß sollte seinen Rang als Prinz aus dem Geblüt der Dunois demonstrieren. Seine Bauten in Châteaudun waren beinahe vollendet, als er 1465 legitimiert wurde und dem Zweig Longueville des Hauses Valois (Dunois hatte vom König auch die Grafschaft Longueville erhalten) das Wappen ohne Makel hinterließ.

Der Donjon* der Grafen von Dunois blieb erhalten. Er wird Thibaud V., dem Grafen von Blois, zugeschrieben und wäre damit etwa zeitgleich mit dem Donjon des Louvre vom Ende des 12. Jahrhunderts, der den zu Beginn des Jahrhunderts entstandenen Typ des massiven Rundturms krönte. Der Turm in Châteaudun zählt mit 17 Meter Durchmesser und 31 Meter Höhe zu den beeindruckendsten Beispielen. Zehn Meter über dem Erdboden befand sich der Eingang, der zu einem Saal im Obergeschoß führte; in das untere Stockwerk gelangte man durch eine Öffnung im Gewölbe der unteren Etage.

LINKE SEITE:
Außenansicht des Longueville-Flügels (links) und die Ecke des Dunois-Flügels (rechts).

OBEN:
Links der Donjon und die Kapelle, die den Dunois-Flügel verdecken; rechts die Hofansicht des Longueville-Flügels.

Mit dem Wiederaufbau der Kapelle wurde 1451 begonnen. Es handelte sich um eine der in höfischen Wohnsitzen häufigen mehrgeschossigen Kapellen. Entgegen der Tradition war hier die Unterkirche der herrschaftliche Bereich, während die Oberkirche den Bediensteten überlassen blieb. 1456 schenkte der König Dunois ein Fragment vom Heiligen Kreuz, einer Reliquie, die Ludwig IX. der Heilige erworben hatte und die in der Sainte-Chapelle in Paris verwahrt wurde. Damit wurde die Kapelle von Châteaudun zu einer „Heiligen Kapelle". Diesen Titel trugen Kirchen mit Passionsreliquien und, in der Regel, die prinzlichen Stiftungen.

An der Kapelle werden Dunois' Absichten deutlich. Zuerst bestand sie nur aus

Die monumentalen Wendeltreppen des 15. und 16. Jahrhunderts wurden in außerhalb des Baukörpers liegenden Türmen eingerichtet. Hier ist die Treppe nun Teil des Gebäudes und nicht mehr von außen an Mauervorsprüngen zu erkennen. Um ein rundes Treppenhaus hinter einer flachen Fassade zu bauen, mußte der Architekt Leerräume zwischen beiden Elementen belassen.

dem heutigen Chor. 1461 wurde sie um ein Kirchenschiff erweitert, das sie mit dem Dunois-Flügel verband, der zeitgleich begonnen worden war. 1464 war die Kapelle schließlich fertiggestellt. Die zwölf Heiligenstatuen an den Pfeilern erinnern an die zwölf Apostelstatuen der Sainte Chapelle in Paris. Um 1494 ließ Agnes de Savoie, seit 1491 Witwe des François de Longueville, Dunois' Sohn und Erbe, zwei Oratorien, eine Statue der Heiligen Agnes und eine des Heiligen Franz sowie ein großes Wandgemälde des Jüngsten Gerichts ausführen.

Der Dunois-Flügel wird von einer großen Wendeltreppe abgeschlossen. Dieses Treppenhaus, das möglicherweise 1464 gebaut wurde, ist ein bedeutender Meilenstein der Treppenarchitektur. Ebenso wie die große Wendeltreppe des Louvre, die um 1360 im Auftrag Karls V. entstand und ein

OBEN:
Der Saal der Garde. Der Saal, den Ludwig IX. der Heilige im Palais de la Cité erbauen ließ, wurde zum Vorbild aller Schloßkapellen.

RECHTE SEITE:
Die Kapelle. Die zwölf Pfeilerfiguren der Heiligen erinnern an die zwölf Apostelfiguren der Sainte-Chapelle in Paris.

Monument der Valois darstellt, war auch die Treppe in Châteaudun offen und an der Fassade mit Statuen verziert. Die Statuen des Louvre bildeten eine Art Stammbaum der Valois. Wahrscheinlich wollte auch Dunois auf diese Weise seine Abstammung herausstellen. Ein ähnliches Treppenhaus steht in Saumur, im Gebiet des Herzogs von Anjou, dem Bruder Karls V. Der moderne Charakter zeigt sich darin, daß das Treppenhaus völlig in den Gebäudekörper integriert ist und seine Absätze in Loggien enden. Das Flamboyantdekor* wurde unter Agnes de Savoie (1508 verstorben) fertiggestellt, deren Wappen noch auf einigen Schlüsseln zu sehen ist. Der Longueville-Flügel, der Dunois' Treppenhaus verlängerte, wurde erst nach Dunois' Tod (1468) begonnen und nicht vor 1518 beendet. Das Bravourstück ist auch hier eine offene Wendeltreppe von 1510, die in der Form der Dunois-Treppe folgt, aber ein Renaissancedekor hat. Die Baumeister Jean Barreau, Olivier Chollet und Pierre Gadier führten das Werk vermutlich im Auftrag von François II., Sohn der Agnes de Savoie und erster Herzog von Longueville, aus.

Chaumont

Mehrfach finden sich die verschlungenen „C" von Charles II., eines der Bauherren von Amboise, und seiner Gattin Catharine de Chauvigny sowie ein brennender Berg, der das Emblem des „chaud-mont" im Wappen des Kardinals Georges d'Amboise darstellt. Er übernahm die Bauleitung, als sein Neffe Charles II. dem König als Generalleutnant nach Mailand folgte.

Chaumont wurde zwischen 1466 und 1510 von der Familie d'Amboise, die die Burg seit dem 12. Jahrhundert besaß, wiederaufgebaut. Sie bestand zunächst aus vier Flügeln, die einen beinahe quadratischen Hof einschlossen. Wie bei den meisten französischen Schlössern jener Zeit waren die Ecken nach den vier Himmelsrichtungen orientiert. Im 18. Jahrhundert öffnete man die Anlage, indem man, wie auch bei vielen anderen Loireschlössern, den Nordostflügel abriß.

Pierre d'Amboise und sein Sohn Charles I. (1481 gestorben) errichteten den Nordost- und den Nordwest-Flügel mit den dazugehörigen Türmen. Die Arbeiten an der zweiten Hälfte des Vierecks mit dem von zwei starken Rundtürmen flankierten Portal und der großen Treppe wurden von Charles II., dem Sohn Charles I., begonnen und nach dessen Tod 1510 eingestellt. Charles II. war eine der herausragenden Persönlichkeiten der Familie, von 1501 bis zu seinem Tod war er Generalleutnant des Königs in Mailand. Da ihn sein Amt von Chaumont fernhielt, wurden die Bauarbeiten zweifelsohne von seinem Onkel geleitet, dem Kardinal Georges d'Amboise, der Erzbischof von Rouen und einer der mächtigsten Minister unter König Ludwig XII. war. Als einer der großen Kirchenfürsten der Renaissance ließ er auch Château Gaillon erbauen, die erste Manifestation des italienischen Stils in Frankreich. Daher erstaunt der überaus

OBEN:
Gesamtansicht des Schlosses; im Vordergrund die beiden Türme am Portal.

NEBENSTEHEND:
Glasfenster des 16. Jahrhunderts. Sie zeigen, links, Salomon bei der Errichtung des Tempels von Jerusalem und, rechts, die Begegnung von König Salomon mit der Königin von Saba.

Katharina von Medici in Chaumont

„Die Königinmutter Katharina von Medici wollte wissen, ob alle ihre Kinder später die Regentschaft übernehmen würden. Auf Schloß Chaumont zeichnete ein Magier einen Kreis auf und zeigte ihr anhand dessen die Könige, die Frankreich regiert hatten und noch regieren würden. Die Ringe, die sich um den Kreis bildeten, standen für die Jahre der jeweiligen Regentschaft. Für Heinrich III. ergaben sich 15 Ringe, für den seligen Heinrich IV., der mit Schwung seine Laufbahn begann, 20 Ringe, beim 21. verschwand er. Schließlich tauchte ein kleiner Prinz von acht oder neun Jahren auf, der über 37 oder 38 Ringe verfügte. Danach wurde das Bild immer verschwommener, und die selige Königinmutter wollte nichts mehr davon sehen."

Nicolas Pasquier, *Briefe*, 1623

NEBENSTEHEND:
Ausgang des Torbaus, der nach außen durch die beiden Türme verteidigt wird (siehe vorhergehende Seiten).

OBEN:
Kamin mit dem Wappenschild des Kardinals Georges d'Amboise.

Der Großteil des Innenausbaus (vor allem die Einwölbung der Treppe) wurde im 19. Jahrhundert erneuert oder ergänzt.

traditionelle Charakter des Schlosses von Chaumont, der den italienischen Einfluß noch kaum erahnen läßt. Aber sogar in Gaillon erschien der italienische Stil nicht vor dem Jahr 1508. 1560 erwarb die Königinmutter Katharina von Medici Chaumont, um es mit Diane de Poitiers gegen Chenonceaux zu tauschen: Die ehemalige Favoritin wurde von der Witwe ihres königlichen Liebhabers (Heinrich II. starb 1559) nicht allzu schlecht behandelt. Katharina hielt sich hier zwar nur kurz auf, aber ihr Astrologe soll hier die rasche Folge ihrer Söhne auf dem Thron, das Ende der Valois und den Beginn der Bourbonen mit Heinrich IV. prophezeit haben.

Chaumont wurde von Jules de La Morandière im Auftrag des Vicomte Walsh, der Chaumont 1847 kaufte, und, nach 1878, vor allem von Paul-Ernest Anson, dem unerschöpflichen Planer von Schloß-Pasticcios, für den Prinzen Amédée de Broglie teilweise im Renaissancestil umgebaut.

Chenonceaux

Chenonceaux ist eines der einzigartigsten und repräsentativsten Schlösser an der Loire. Man durchschreitet einen Wirtschaftshof, passiert einen einzelnen Rundturm, gelangt zum zentralen Schloßbau und überquert schließlich eine Brücke mit zweigeschossiger Galerie. Dieser Weg beschreibt die Entstehungsgeschichte. Der Turm war Teil der Anlage, die Jean II. de Marques, ein Anhänger König Karls VII., im Jahr 1432 erbaut hatte. Die Familie Marques besaß das Lehen Chenonceaux seit dem 13. Jahrhundert. Als Thomas Bohier Chenonceaux im Jahr 1513 erwarb und das zentral angelegte Schloß erbaute, ließ er den Marques-Turm erhalten. Dieser mittelalterliche Donjon*, der hier ungewöhnlich isoliert am Eingang stand, sollte das hohe Alter des Lehens bezeugen.

Thomas Bohier, der Finanzverwalter für die Normandie, heiratete Catherine Briçonnet, die aus einer ebenfalls in der Hochfinanz tätigen Familie in der Touraine stammte. Er starb 1524, drei Jahre vor dem Prozeß gegen Jacques de Beaune-Semblançay, den „Finanzminister", der die Familie Bohier mit in den Abgrund reißen sollte. Das Schloß von Thomas Bohier ist eine Art großer, quadratisch angelegter und mit Türmchen flankierter Pavillon*. Es steht nicht, wie üblich, auf dem Fundament einer alten Burg, sondern auf den Grundmauern einer Mühle am Ufer des Cher. Wenn man einmal von der Kapelle und der Bibliothek,

Blick von oben. Ganz rechts der Marques-Turm, ein Überrest der 1432 für Jean de Marques gebauten Burg. Rechts das in den Fluten des Cher für Thomas Bohier um 1510 errichtete Schloß. Links die Brücke mit der zweistöckigen Galerie, die von Philibert de l'Orme für Diane de Poitiers begonnen und von Jean Bullant für Katharina von Medici vollendet wurde.

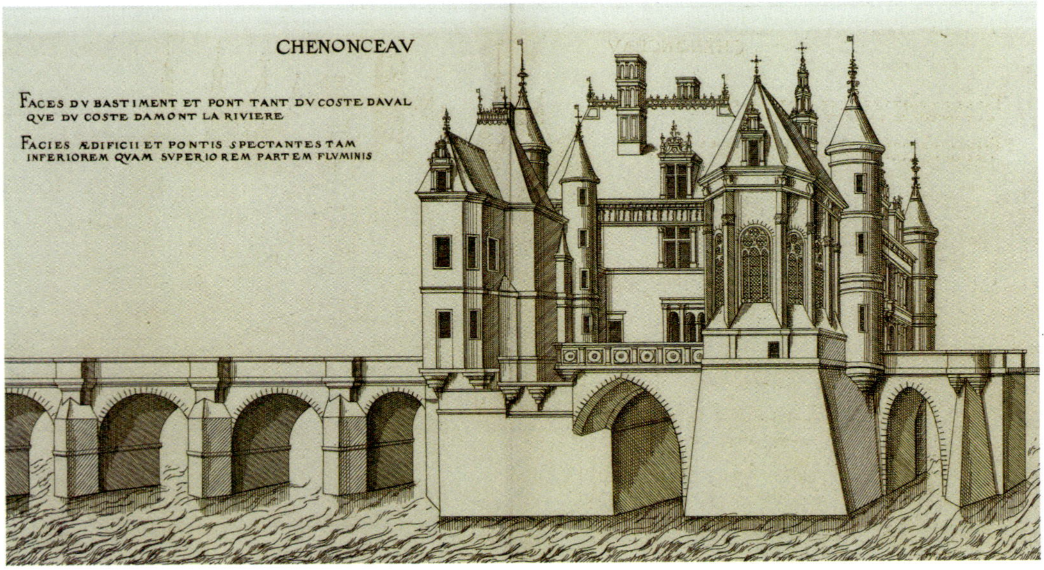

NEBENSTEHEND:
Ansicht des Bohier-Schlosses vor dem Bau der Galerien. Oben der Blick flußaufwärts und unten der Blick flußabwärts; alle aus: Les plus excellents bastiments de France *von Jacques Androuet Du Cerceau (1579).*

RECHTE SEITE:
Die Brückengalerie überspannt den Cher.

OBEN:
Der große zentrale Gang, der das Schloß von Thomas Bohier von einer Seite zur anderen durchzieht und zum Eingang der Brücke führt.

RECHTE SEITE:
Ein Kamin aus dem 19. Jahrhundert im „Zimmer der Diane de Poitiers".

die einen Vorsprung bilden, absieht, ist der Grundriß regelmäßig ausgerichtet. Er folgt dem geraden Gang, der das gesamte Schloß in mittig durchzieht, vom Eingang bis zu einem Fenster, das ursprünglich auf den Fluß blickte. Das Treppenhaus mit geraden Treppenläufen trifft mittig auf den Gang. Das Schloß und sein Dekor folgen im wesentlichen dem gotischen Stil. Die Gliederung des Grundrisses und die Treppenform stellen Neuerungen dar, die bei einem Bohier nicht überraschen, denn er hatte schließlich an allen Italienfeldzügen — unter Karl VIII., unter Ludwig XII. und auch unter Franz I. — teilgenommen. Der Gang, der durch das ganze Schloß führt und sich zum Licht und Wasser hin öffnet, wurde vielleicht durch einen Aufenthalt in Venedig angeregt.

1535 verkaufte die verschuldete Familie Bohier Chenonceaux an Franz I. Heinrich II. schenkte es seiner Mätresse Diane de Poitiers. Nach seinem Tod rächte sich die Königin an Diane und zwang sie zu einem Tausch. Die Brückengalerie geht auf die beiden Rivalinnen zurück. 1556 entwarf Philibert Delorme für Diane eine fünfbogige Brücke mit einer niedrigen Galerie. Ausgeführt wurde aber nur eine Brücke, deren Achse gegenüber dem Gang verlagert war, um das im Schloß so wichtige Fenster nicht zu verdecken. Die Bauarbeiten wurden 1559 durch den Tod des Königs unterbrochen. Zwischen 1570 und 1576 ließ Katharina eine doppelgeschossige Galerie anlegen. Dieser gewaltige Trakt, der den Umfang des Schlosses grundlegend veränderte, war aber nur Teil eines großen Projekts, das die bestehenden Bauten auf das Zehnfache vergrößert hätte. Die Wirtschaftsgebäude am Eingang sollten Teil eines trapezförmigen Vorhofs sein. Der Urheber des Projekts ist unbekannt. Vielleicht war es Denis Courtin, der obskure Bauleiter des Schlosses, oder Jean Bullant, der Architekt der Königin Katharina.

Rousseau in Chenonceaux

„Im Jahr 1747 hatten wir vor, den Herbst auf Chenonceaux in der Touraine zu verbringen. Heinrich II. ließ dieses Königsschloß, das am Cher liegt, für Diane de Poitiers errichten, deren Initialen noch zu sehen sind. Chenonceaux befindet sich heute im Besitz des Generalpächters Dupin. Dieser Ort bot so manches Vergnügen, wir wurden gut versorgt, und ich wurde dick wie ein Mönch. Es wurde auch viel musiziert, ich komponierte mehrere harmonische Terzette, auf die ich vielleicht in einem Nachtrag eingehen werde, sollte ich jemals einen verfassen. Auch Komödien wurden hier aufgeführt. Innerhalb von zwei Wochen schrieb ich einen Dreiakter mit dem Titel *L'Engagement téméraire*, der vor allem zur Erheiterung dienen sollte. Das Stück ist unter meinen Papieren zu finden. Ich habe noch weitere kleine Werke verfaßt, beispielsweise ein Stück namens *Sylvies Allee*, so heißt eine Allee im Park, der den Cher säumt. Dennoch habe ich meine Chemiestudien und die Arbeiten, die ich für Frau Dupin erledigte, nicht unterbrechen müssen."

Jean-Jacques Rousseau, *Bekenntnisse*, 1770

OBEN:
„Zimmer der Luise von Lothringen", der Gattin Heinrichs III. Das Trauerdekor, in dem die Witwe nach der Ermordung des Königs lebte, wurde rekonstruiert.

LINKE SEITE:
„Zimmer der Katharina von Medici". Das Dekor stammt aus dem 19. Jahrhundert.

CHEVERNY

Das Schloß von Cheverny wurde zwischen 1620 und 1630 (wahrscheinlich ab 1625) für Henri Hurault, den Generalbevollmächtigten für das Gouvernement Orléans und Vogt von Blois (er starb 1648) erbaut. Die Bauleitung lag in den Händen von Jacques Bougier, einem Baumeister aus Blois (1632 verstorben).

Ein größerer Umbau im 18. Jahrhundert hat durch den Abriß der Seitenflügel und der Hofeinfassung den Wohntrakt isoliert. Damals wurde die Fassade zum Hof mit durchgehenden und gespaltenen Bossen geschmückt, die möglicherweise (wie auf der Rückseite) ein verputztes und übermaltes Mauerwerk aus Schnitt- und Bruchstein verdecken. Da man von diesen Umbauten nichts wußte, galt Cheverny lange als das frühe Beispiel eines flügellosen Schlosses mit bossiertem Mauerwerk. Tatsächlich ist dieses Schloß ein perfektes Beispiel für die bereits antiquierte Pavillonanlage*. Diese Bauweise bildete einst einen wichtigen Schritt in die Moderne. Jedem Pavillon war ein bestimmter Zweck zugewiesen: Im zentralen Pavillon lag die Treppe, die großen Seitenpavillons, die doppelt so tief waren, enthielten die Wohnräume, und die mittleren, kleineren Pavillons die zu den beiden Fassaden hin durchfensterten Säle. Die Innenausstattung — Verkleidungen, Decken und Kamine — stammt von dem Maler Jean Monnier und ist eine der bedeutendsten aus der Zeit um 1640.

Diese Fassade aus dem 17. Jahrhundert lag ursprünglich an einem Hof. Die Flügel und der hintere Abschluß wurden im 18. Jahrhundert abgerissen.

LINKE SEITE:
Die Ehrentreppe. Sie trägt das Datum 1634 und gehört noch zu dem in Frankreich im 16. Jahrhundert verbreiteten Typus der gegenläufigen Treppe. Mauern mit Arkadenöffnungen trennen die beiden Treppenläufe. Die moderne Form, bei der die Treppen offen um einen Raum laufen, entstand erst um 1640.*

OBEN:
Der große Salon wurde im 19. Jahrhundert rekonstruiert. Auch die Holzvertäfelung stammt aus dieser Zeit. Die Porträts sind verschiedenen Datums. Die Grisaillen mit Amoretten in den unteren Teilen sind die einzigen erhaltenen Elemente des Dekors aus dem frühen 17. Jahrhundert.

Das Königszimmer (so der traditionelle Name des besten Zimmers im Schloß) schmücken Malereien von Jean Monier aus der Zeit um 1640. Ihr Thema ist die Geschichte des antiken Helden Perseus. Auf dem Kamin läßt Perseus seine Feinde durch den Anblick des von ihm geköpften Medusenhauptes versteinern. Die unteren Wandverkleidungen zeigen Szenen aus dem Liebesroman Theagenes und Charikleia. *Eine Supraporte* fehlt — vielleicht wurde sie später wegen einer erotischen Szene entfernt.*

Die Götter der Antike
Die Metamorphosen des Ovid im Dekor von Cheverny

Deine Schriften, Ovid, sind keine Märchen,
Die Götter, die Du erdichtest, sind wirkliche Götter,
Hier verbringen sie ihre Zeit.
Sie beschäftigen sich immer mit denselben Dingen,
Die Deine Muse in den Metamorphosen erfand.
Und die Kunst zeigt sie uns als lebende Götter.
Man sieht sogar das Bett, in dem die Göttinnen ruhen,
Wenn die Götter herabsteigen, um sie zu liebkosen.
Man sieht, wo Pasiphae geboren wurde,
Das Bett, in das Jupiter als Regen kam,
Strahlt immer wieder golden, wie sehr auch gereinigt,
Wie jedesmal wenn er kam, um Danae zu umarmen.

Anonyme Dichtung in Cheverny, 17. Jahrhundert

Zustand des Schlosses von Cheverny im Jahr 1764, laut seines neuen Eigentümers Durfort

„Vor fünf Jahren wurde Cheverny einem Verwalter überlassen. Der Vorhof, dessen Mauern sich dicht über dem Erdboden befanden, war bis zu den Treppenstufen mit Weizen bepflanzt. Die riesigen Pflastersteine waren mit Erde bedeckt und bepflanzt. Die Kreuzgänge des Schlosses waren rautenförmig verglast ... Fünf Pavillons bildeten das große Schloß, das insgesamt nur fünf bewohnbare Zimmer zu bieten hatte. Zwei der Pavillons waren mit Kuppeldächern versehen. Der Rest glich Gängen in riesigen Speichern. Alles war in einem beklagenswerten Zustand ...
Ich beabsichtigte, aus Cheverny ein bewohnbares und möglichst angenehmes Schloß zu machen. Herr von Cypierre hatte mir seinen Architekten vermittelt, der mir versicherte, daß er die gesamte Arbeit für 30 000 Pfund erledigen würde, während er anderen Personen gegenüber verlautbaren ließ, daß sich alles auf 100 000 Écus belaufen würde. Zunächst wurde die Brücke am Eingang vollendet, der Ehrenhof frei gemacht und das Pflaster aufgedeckt, die Kreuzgänge mit den Rauten ließ ich beseitigen. Den Taubenschlag gab es auch noch zu meiner Zeit, ich ließ ihn einreißen. Der Keller des Schlosses ist noch teilweise erhalten, und die Gräben, einst voller Wasser, sind ebenfalls noch zu sehen ...
Die Verschönerungen, die ich in Cheverny durchführte, machten es von Tag zu Tag wohnlicher. Ich hatte beschlossen, einen Pavillon pro Winter zu errichten. Bei fünf Pavillons würde sich dieses Vorhaben also über fünf Jahre erstrecken. Ich machte die Einkäufe und man führte die Arbeiten dort aus, und zwar so gut, daß es mit jedem Mal ein größeres Vergnügen war, dorthin zurückzukehren – ich mußte es nur noch einrichten.
Es nahm einen ganzen Winter in Anspruch, die Marmorkamine zu erwerben, schließlich benötigte ich 27 davon. Ich besichtigte daher alle Marmorwerke in Paris und kaufte nur die Stücke, die sich durch hervorragende Qualität auszeichneten ... In einem anderen Jahr besorgte ich 60 Türbeschläge aus englischem Kupfer, so daß sich Cheverny in zwölf Jahren zu einem der wohnlichsten und bestausgestatteten Schlösser der ganzen Provinz entwickelt hatte ...
Um den Außenbereich zu gestalten, begrenzte ich den breiten Weg mit riesigen Grenzsteinen, um den Rasen zu schonen, und ließ – an die Kunst der Antike angelehnt – zwischen den Steinen Eisenketten spannen ... Die Grenzsteine wurden so tief in die Erde gesetzt, daß sie mir erhalten geblieben sind. Ebenso ließ ich eine Glocke eingraben, ein antikes Kunstwerk, das die Familie Hurault aus einem Kloster mitgebracht hatte und das einst die Mahlzeiten ankündigte. In der Kapelle des Schlosses befand sich eine Madonna aus weißem Marmor, die vier Fuß hoch war. Ich ließ sie heimlich im Park vergraben ...
Alle Pfosten, die sich zwischen zwei Fenstern befanden, wurden mit Büsten aus griechischem Marmor geschmückt. Meinem Wissen nach handelte es sich hierbei um römische Kaiser, ich versicherte aber, daß die Büsten republikanische griechische Philosophen darstellten und behielt sie."

J. N. Durfort, *Erinnerungen an die Regentschaften Ludwigs XV., Ludwigs XVI. und an die Revolution*, (postum) 1886.

Das Jagdmuseum. Noch heute finden in Cheverny Jagden statt.

Chinon

Der Uhrturm vom Ende des 14. Jahrhunderts. Durch diesen Torturm führt auch der Zugang zum „Mittleren Schloß".

Diese Burg ist auf einem hohen Felssporn am Ufer der Vienne errichtet, die etwa zehn Kilometer entfernt in die Loire mündet. Die Stadt selbst liegt zwischen dem Fluß und dem Felsvorsprung, der bereits seit prähistorischer Zeit bewohnt wurde. Hier fand man auch Spuren eines römischen Kastells.

Chinon war lange Zeit ein Streitobjekt der mächtigen Rivalen Blois und Anjou. In der zweiten Hälfte des 10. Jahrhunderts errichtete der Graf von Blois, Thibaud „der Mogler", eine Ringmauer, von der noch Reste erhalten sind. Deutlichere Spuren hinterließen die Bauten, die Heinrich II. Plantagenet, der englische König aus dem Hause Anjou, nach 1160 in Auftrag gab. Seit dieser Zeit kämpften die Plantagenets und die Kapetinger um den Ort. Philipp II. August eroberte die Burg 1205 und vereinte damit die Touraine wieder mit Frankreich.

Von Ost nach West lassen sich auf dem Felsvorsprung drei Bereiche unterscheiden, die jeweils durch Gräben voneinander getrennt sind. Das Fort Saint-Georges, ein Neubau von König Heinrich II., verstärkte die Anlage. Der zentrale Teil wird als das „Mittlere Schloß" bezeichnet. Dorthin gelangte man durch den Uhrturm, der die Brücke über den ersten Graben bewachte. Dem Westteil fügte er den sogenannten Mühlenturm hinzu, der während der Belagerung im Jahr 1205 zerstört wurde. Reste des Haupttrakts mit dem großen, für Karl VII. eingerichteten Saal sind noch vorhanden. Hier empfing Karl 1429 Jeanne d'Arc, die gekommen war, um den Thronfolger zur Krönung nach Reims zu begleiten. Karl, der legitime Erbe der französischen Krone, residierte in Chinon, während der englische König Paris als Hauptstadt gewählt hatte.

Der Graben, der das Fort Coudray auf dem Westende des Felssporns abtrennt, wurde erst nach der Belagerung im Jahr 1205 ausgehoben. Er diente als Steinbruch für den neuen Tour du Coudray, der am Grabenrand errichtet wurde. Der Rundturm ist typisch für

die Arbeit der Ingenieure von Philipp II. August, die auch den berühmten Donjon des Louvre errichteten.

Ab dem 17. Jahrhundert verfiel die Burg zunehmend — nicht durch systematische Zerstörung, sondern infolge von Vernachlässigung. Der Verfall wurde erst 1854 aufgehalten, als Prosper Mérimée Chinon als historisches Denkmal einstufen ließ. In seinem Donjon wurden auch die Tempelritter eingekerkert, als Philipp IV. (der Schöne) den Templerorden zerschlagen ließ.

Ganz rechts im Bild: der Uhrturm. Oben: die königlichen Gemächer. Ganz links: der Mühlenturm, Teil von Fort Coudray.

Die Ruinen der königlichen Gemächer, deren großen Saal Karl VII. um 1420 erbauen ließ. Hier empfing er Jeanne d'Arc.

Karl VII. und Jeanne d'Arc

„Ich war selbst in der Stadt und in der Burg von Chinon [am 9. März 1429] und ich habe gesehen, wie sie sich der königlichen Majestät in großer Demut und Einfachheit vorstellte, diese arme kleine Schäferin."

Raoul de Gaucourt, Gouverneur von Orléans, *Mémoires*

„Jeanne trat vor den König, um sich zu verneigen und ihm ihre Aufwartung zu machen, als wäre sie am Hof aufgewachsen, und grüßte den König mit den Worten: Gott gebe Euch Leben, Dauphin!, obwohl sie ihn nicht kannte und ihn nie zuvor gesehen hatte; und es gab mehrere Edelmänner, die reicher und auffälliger gekleidet waren als der König. Darum antwortete er: Und wenn ich nicht der König wäre, Jeanne? Und er zeigte auf einen der Herren und sagte: Das ist der König. Worauf sie antwortete: Im Namen Gottes, werter Prinz, Ihr seid es und nicht der andere."

Jean Chartier, *Chronik Karls VII.*

„Jeanne sagte [dem König] ein Geheimnis, das niemand wußte und wissen konnte, außer Gott; darum hatte er so großes Vertrauen in sie. Das habe ich aus ihrem eigenen Mund erfahren, da ich damals nicht anwesend war."

Frère Jean Pasquerel, Beichtvater der Jeanne, *Prozeßakten*

Der Burggraben trennt das „Mittlere Schloß" (rechts) vom Fort Coudray (links). Der Tour du Coudray oder Donjon wurde Anfang des 13. Jahrhunderts von Philipp II. August erbaut.

Fougères-sur-Bièvre

OBEN:
Der Hof mit dem Eingang.

UNTEN:
Portal des Wohntraktes.

Das Schloß ist um einen quadratischen Turm herum angelegt, vor dem ein Vorhof lag, an den sich ein Garten anschloß. Ringsum liefen Wassergräben. Der Eingang führte durch einen von Rundtürmen gesicherten Zwischentrakt und einen großen, quadratischen Pavillon*, der fälschlich als Donjon* gilt. Die Wohnräume lagen im rückwärtigen und im rechten Flügel.

Der linke Flügel besteht nur aus einer Galerie, die zur Kapelle führt. Der Bau wurde vom späten 15. bis zum frühen 16. Jahrhundert ausgeführt. Den ältesten Bauabschnitt bilden die Wohnräume, in die man durch eine mit Engeln verzierte Tür gelangt. Diese Engel tragen Schilde, die heute leer sind, früher aber das Wappen der Familie de Refuge zeigten. Diese kam 1438 durch Heirat in den Besitz von Fougères, aber allein Pierre de Refuge, der 1475 seinem Vater nachfolgte, ist der Bau zu verdanken. Pierre stand im Dienst Karls VII. und Ludwigs XI. Als Schatzmeister mehrerer Provinzen machte er Karriere und der König gestattete ihm, ein befestigtes Schloß zu errichten. 1497 starb er.

Der Flügel am Eingang mit den Rundtürmen und dem Pavillon könnte von ihm stammen. Wahrscheinlich ist er aber das Werk seines Enkels und Nachfolgers Jean de Villebresmes, Kammerherr des Herzogs von Alençon, später Gouverneur von Rodez (1516). Dieser ließ den Flügel mit der Galerie und die Kapelle errichten. Abgesehen von

wenigen italienischen Elementen, die sehr sparsam im Wohntrakt eingesetzt wurden, aber zur selben Zeit mit der Galerie entstanden sind, zeigen die Bauten den in der zweiten Hälfte des 15. Jahrhunderts für die Loireschlösser typischen Stil: offene Galerien, Treppentürme mit Wendeltreppen und einen großen Saal im Untergeschoß, der sich zum Hof hin öffnet. Die Ausstattung ist nüchtern, fast ärmlich — der späte Flamboyantstil* ist nicht mehr und die italienische Renaissance noch nicht zu spüren.

Der Eingangsflügel.

Gien

Eines der Zeichen an der Fassade.

Gegen Ende des 15. Jahrhunderts wurde das Schloß von Gien für Anne de Beaujeu, die älteste Tochter Ludwigs XI., gebaut. Anne war mit Pierre III. de Bourbon, dem Herrn von Beaujeu, vermählt. Bis zur Volljährigkeit ihres Bruders Karl VIII. und während des Italienfeldzugs von 1496 führte sie die Regentschaft. Aber weder in Annes Schloß Gien noch in Karls Schloß Amboise finden sich Spuren der neuen Italienmode. Das erstaunt um so mehr, als bereits die erste Kampagne Auswirkungen auf den Bau des Schlosses der

Ansicht von der Hofseite aus.

Bourbonen in Moulins hatte, das ebenfalls von Anne de Beaujeu errichtet wurde.

Gien ist eines der besten Beispiele für die französische Renaissance an der Loire vor dem Einfluß Italiens: Die Anlage diente mehr der Annehmlichkeit als der Verteidigung. Das Dekor besteht nicht aus plastischem Ornament, sondern aus der Struktur des Mauerwerks, dessen farbig glasierte Ziegel ein Muster bilden. Die Motive sind in Gien aber ganz einzigartig, obwohl sie vereinzelt auch andernorts zu sehen sind. Es sind keine Ornamente, sondern Zeichen. Der Stern von Salomon und das Rechteck, das der goldenen Zahl folgt, fallen besonders auf — sie könnten sich auf Freimaurertraditionen beziehen.

Was aber machen diese Zeichen auf der Fassade des Hauses einer französischen Prinzessin? Diese Frage ist bis heute nicht beantwortet.

Goulaine

OBEN UND RECHTE SEITE:
Links der linke Turm; rechts der rechte Turm. Auch dieser hatte einst wie der linke Turm zwei Lukarnen.*

Das Wohnhaus mit den beiden Treppentürmen ließ Christophe II., Kammerherr unter Ludwig XII. und Franz I., Herr von Goulaine von 1492 bis 1533, erbauen. Von der Ringmauer, die zwischen 1585 und 1595 während der Kriege der katholischen Liga errichtet wurde, stehen nur noch Reste. Gabriel de Goulaine, der Generalbevollmächtige der Union für Anjou und Poitou, hielt als einer der letzten Ligisten zu Heinrich IV., der, um sich die Treue dieser mächtigen Familie zu sichern, ihre Herrschaft Goulaine zur Markgrafschaft erhob. Als das Parlament der Bretagne diese 1632 endlich anerkannte, folgten größere Bauarbeiten. Der Wohntrakt erhielt rückseitig rechts einen Flügel mit Kapelle und links einen Flügel mit Ställen. Innen wurde er mit Kaminen, Vertäfelungen, Wand- und Deckengemälden ausgestattet.

Die auffällig symmetrische Anlage um den Hof deutet das ehemalige Aussehen des Wohntrakts an. Dessen Flamboyantstil* aus der Zeit um 1500 zeigt noch kaum Spuren der Renaissance. Die Treppentürme sind so angelegt, daß sie im Winkel stehen: Demnach waren schon immer Gebäudeflügel vorgesehen. Sieht man im Obergeschoß von den Zwischenwänden mit den Kaminen ab, zeigt sich, daß jede Treppe einst zu einem großen Saal, der durch zwei Fenster zum Hof beziehungsweise zur Rückseite, und zu einem Zimmer führte, das Licht von der Rückseite erhielt (der linke Teil dieser Anordnung ist verschwunden). Da man im 15. Jahrhundert die Anordnung der Durchgänge innerhalb des Hauses noch nicht beherrschte, legte man in einem Gebäude oft mehrere Treppentürme an, von denen einer dann dominierte.

Die weitgehende Gleichmäßigkeit der Einteilung und die Symmetrie haben sicher

NEBENSTEHEND:
Jede Hälfte des Haupttrakts hat ihren Treppenturm. Es gibt zwei Wohnbereiche: einen vermutlich für den Schloßherrn (rechts) und den anderen (links) für seine Gemahlin.

RECHTE SEITE:
Der Salon, Dekor um 1630.

ihre Bedeutung, deren Schlüssel in der Geschichte, der Genealogie oder der Emblematik zu suchen ist. Zwillingswohnungen hatten eine lange Tradition — bis hin zu Versailles. Mehrere Beispiele einer solchen architektonischen Teilung der Räume zwischen König und Königin finden sich auch in den königlichen Schlössern an der Loire.

Die Lösung liegt in einem nicht identifizierten Monogramm des linken Turms, einem Pendant zu den drei „A“ der Familie Goulaine auf dem rechten Turm. Über diesem Emblem stehen zwei Kronen und die Devise: „A cettuy ci et a cettuy la accorday les couronnes“ (Beiden gebührt die Krone). Diese Inschrift erinnert daran, daß durch die Vermittlung des Mathieu de Goulaine in den Jahren 1160 und 1184 der Frieden zwischen den Königen von Frankreich und England wiederhergestellt wurde. Aus diesem Grund durfte die Familie Goulaine auch ein teils französisches, teils englisches Wappen tragen. Das Monogramm könnte auf die Familie der Frau Christophes II. verweisen. Das Schloß selbst gleicht einem geteilten Wappen, indem es andeutet, daß es gleichzeitig zur Bretagne und zum Loiretal gehört. Seine Rückseite ist aus dem Schiefer der Goulaine-Gegend, seine Vorderseite aus dem Kalkstein von Saumur erbaut.

Le Grand-Pressigny

OBEN:
Der Flügel mit Säulenportikus, der Hof und Vorhof trennt und vielleicht aus den Jahren um 1520 stammt. Der Vironne-Turm (rechts) entstand in den Jahren um 1560.

RECHTE SEITE:
Der Donjon vom Ende des 12. Jahrhunderts. Das Fundament ist in die Mauer eingebettet. Neben der Ummantelung steht der um 1560 ausgehobene Brunnen.

Das Gebiet wurde schon in vorgeschichtlicher Zeit besiedelt, was die Steinwerkstätten belegen, die unter dem Namen „Grand-Pressigny" als bedeutende neolithische Fundstelle bekannt sind. Der Name ist schriftlich seit dem 6. Jahrhundert belegt. Der Donjon* und sein Mantel wurden Ende des 12. Jahrhunderts von Guillaume I. de Pressigny erbaut. Die Bedeutung dieser Burg erklärt sich aus ihrer Lage an der Grenze des Gebiets des Königs von Frankreich — mit der Front zu den französischen Besitzungen des Königs von England. 1204 wurde Guillaume durch Philipp II. August zum königlichen Bannerträger ernannt.

Der Donjon war anfangs mit hölzernen Palisaden umgeben, die zu Beginn des 15. Jahrhunderts durch steinerne Befestigungen ersetzt wurden. Im Februar 1988 stürzten zwei Mauern des Donjon, von heftigem Regen unterspült, ein. Ein mit Rundtürmen besetzter Mauerring, der Hof und Wirtschaftshof mit einschloß, stammt aus dem 14. Jahrhundert und wurde bis zum 16. Jahrhundert mehrfach umgebaut.

Der Wohntrakt in der Mitte des Schlosses zwischen Hof und Vorhof ist ein Komplex aus dem 16. Jahrhundert und wird, vielleicht zu Unrecht, Honorat de Savoie zugeschrieben. Er erbte Pressigny 1545 nach dem Tod seines Vaters René, des „Großen Bastards aus Savoyen", eines Halbbruders von Louise de Savoie, der Mutter Franz' I., der das Schloß 1523 erworben hatte. Honorat, der als Erbe der Grafschaft Villars den Namen Savoie-Villars trug, spielte eine wichtige Rolle am Hof der französischen Könige. Um 1560 ließ er in Pressigny Teile des Wohntrakts umbauen: den Vironne-Turm, der heute isoliert steht, die Ädikula über einem Brunnen am Fuß des Donjons und vielleicht den zwischen Hof und Wirtschaftshof gelegenen Flügel mit Portikus im Parterre und Galerie im Obergeschoß. Die Fassaden dieses Flügels sind aber sicher einige Jahrzehnte älter und könnten sogar zur Zeit Renés de Savoie errichtet worden sein, also vor 1545. Demnach hätte Honorat nur eine neue Aufteilung der Innenräume vorgenommen.

Le Gué-Péan

Schloß Gué-Péan besteht aus drei Flügeln, die rechtwinklig einen Hof umgrenzen und wird auf seiner vierten Seite von der Mauer mit dem Eingangstor abgeschlossen. Dieses ist von zwei abgeflachten Rundtürmen eingerahmt; vier weitere Rundtürme stehen an den Ecken. Diese Türme sind wahrscheinlich die Reste einer mittelalterlichen Burg, was aber nur für die vorderen Türme gesichert ist.

Schloß Gué-Péan wurde im Verlauf des 16. und bis hin zur Mitte des 17. Jahrhunderts fortlaufend modernisiert. Den Anfang machte Nicolas Alamand aus Angers, der als Finanzmann mit der Unterschlagung von Staatsgeldern reich geworden war. Er starb 1527, genau in dem Jahr, in dem der Oberintendant der Finanzen, Jacques de Beaune, mit dem er zusammengearbeitet hatte, verhaftet und hingerichtet wurde. Sein Sohn François Alamand wurde trotzdem Generalprüfer der Salzzölle (1535) und Zweiter Vorsitzender am Rechnungshof (1550). 1543 wurde für ihn das Lehnsgut Gué-Péan als Schloßherrschaft eingerichtet. Mit einer Unterbrechung in den Jahren zwischen 1527 und 1543 dauerte die Arbeit auf der Baustelle an. Die ältesten Elemente des Dekors lassen

Die Brücke (links) führt zum Eingang, der im 16. oder 17. Jahrhundert geöffnet wurde, indem man eine Umfassungsmauer einriß.

Die Hofseite des linken Flügels mit dem Eckturm, den ein Walmdach deckt.

sich auf die Zeit vor 1540 datieren, wodurch François Alamand (er starb 1555) zum wichtigsten Bauherrn wird. Aber auch seine Nachfolger waren fleißig. Der vordere Turm mit seinem Walmdach trägt im oberen Bereich das Datum 1581. Der einzige erhaltene Vertrag wurde mit Maurern aus Blois geschlossen, die nach dem Entwurf von Jehan du Bourg, dem Baumeister aus Orléans, arbeiteten. François' Sohn Jean Alamand hatte den Auftrag erteilt. Er wollte zweifellos alle Dächer in diesem Stil decken lassen. Die

Kamin aus der Mitte des 17. Jahrhunderts.

monumentalen Kamine im barocken Stil tragen das Monogramm „FACP", das möglicherweise von Jean's Sohn François II., Herr auf Gué-Péan von 1600 bis 1621, und seiner Gattin Charlotte de Prie stammt, oder eher von Charlotte Alamand, die 1649 das Schloß erbte, und ihrem Gatten François de Picques, dem Haushofmeister des Königs. Er könnte auch die Umgestaltung der Hoffassaden veranlaßt haben. Diese vereinzelten Fakten machen eine vollständige Rekonstruktion der Geschichte des Schlosses unmöglich. Eine hypothetische Drehung der Architektur um 90 Grad mag dies belegen: Der gegenwärtige Eingang könnte im 16. oder 17. Jahrhundert eingerichtet worden sein, wozu man einen Teil des Gebäudes, beispielsweise einen Vorhof, opferte. Im Mittelalter könnte der Eingang im rechten Flügel gelegen haben und wurde dann im 17. Jahrhundert zu dem Portikus unterhalb der Terrasse umgebaut.

L'Isle Savary

Der höchste Turm (links) ist vermutlich der alte Donjon. Die Brücke führt zu einem Eingang, der erst im 18. Jahrhundert geöffnet wurde.

Guillaume de Varye kaufte 1464 für die beträchtliche Summe von 410 000 Écus in Gold eine Anlage, die einst im Besitz der Familie Savary gewesen war und deren Namen weiter trug. Varye war ein reicher Wollstoffhändler aus Bourges und hatte mit Jacques Cœur, dem berühmten Schatzmeister Karls VII., zusammengearbeitet. 1448 wurde er vom König zu seinem Knappen und Kammerdiener gemacht, dann zum Vogt der Touraine ernannt und schließlich in den Adelsstand erhoben. Der Prozeß und die Verurteilung Jacques Cœurs brachten sein Glück etwas ins Wanken, aber unter Ludwig XI. (1461) stellte es sich wieder ein. Das Stundenbuch *Vie à mon désir*, dessen Illuminationen dem Maler Jean Fouquet zugeschrieben werden, entstand im Auftrag von Guillaume de Varye.

Das Schloß besteht aus drei Flügeln, die einen Hof einschließen; die vierte Seite ist offen. Ursprünglich stand auch hier eine Mauer, die später abgetragen wurde (Ende des 18. Jahrhunderts?). Damals wurde auch für den neuen Zugang eine Brücke angelegt. Vor der Öffnung des Hofes hatte der Eingang im linken Flügel gelegen, wo noch immer Spuren von Tor und Zugbrücke zu sehen sind. Gleichzeitig riß man im Hof die beiden Türme mit Wendeltreppen ein und ersetzte sie durch eine gerade Treppe: So verschwand eines der Wahrzeichen der adeligen Baukultur des 15. Jahrhunderts. An den vier Ecken begrenzen quadratische Türme mit hohen Dächern das Schloß. Drei der Türme sind gleich hoch, während der vierte aber viel größer ist und der Donjon* zu sein scheint. Wahrscheinlich hat Varye nur den mittelalterlichen Donjon umgebaut. Die Geschichte der Schlösser Frankreichs ist voll von Beispielen, wo dieses alte Symbol der herrschaftlichen Macht erhalten wurde, auch wenn dies zu Lasten der architektonischen Ordnung ging. Mit seinen quadratischen Türmen und der rechtwinkligen Verbindung der Flügel, die wieder zu ähnlichen Pavillons* führen, zeigt L'Isle Savary eine frühe moderne Form, der der Donjon und der linke Flügel mit dem ehemaligen Eingang entgegenstehen. Wurde das Projekt der völligen Neugestaltung wegen fehlender Mittel gestoppt, oder wollte Varye die Moderne mit der Tradition kontrastieren? Das wäre nicht unwahrscheinlich, denn solche Intentionen finden sich bei mehreren Schlössern, und ganz besonders im Schloß von Verdelles.

Die Pechnasen (Maschikulis) an einem der Türme.

Jussy-Champagne

Die Hofseite des linken Flügels. Man sieht deutlich, wo der Flügel mit dem Hauptbau verbunden wurde. Die eigenartige Fensterform ist das Ergebnis des unglücklichen Zusammentreffens von Umbauten des 18. Jahrhunderts (die Fensterkreuze und -sprossen und der Dachgiebel wurden entfernt) mit einer übertriebenen Restaurierung im 19. Jahrhundert (der Giebel wurde wiederhergestellt, doch das Kranzgesims, das die Fenster zweiteilt, blieb stehen).

Dieses Schloß liegt im Berry und nicht in der berühmten Nachbarprovinz. Die Champagne des Berry ist ein Land der endlosen Weizenfelder, das der Cher mit dem Tal der Loire verbindet.

François de Gamaches, der Anführer der Royalisten im Berry während der Religionskriege, begann 1584 mit dem Bau. 1646 vollendete ihn sein Enkel Claude de Gamaches, ein Parteigänger der im Berry starken *Fronde* gegen den König. Das Schloß entstand demnach während zweier Bürgerkriege, die zwar die Familie entzweiten (der Großvater stand auf der Seite des Königs zwischen Ligisten und Hugenotten; der Enkel war Parteigänger der Aufrührer), die Einheit des Schlosses aber ebensowenig beeinträchtigten wie die fünfzig Jahre, die zwischen den beiden Bauabschnitten liegen.

Ein Mauerverband aus Ziegel und Bruchstein stellt die Geschlossenheit des Gebäudes her. Diese Technik, die in der zweiten Hälfte des 15. Jahrhunderts im Loiretal entstand, setzte sich von Paris ausgehend in ganz Frankreich durch und war zwischen 1580 und 1640 weit verbreitet.

Der Wohntrakt wurde aufgeteilt, wie es im 16. Jahrhundert allgemein üblich war, bis sich um 1650 eine neue Gliederung durchsetzte: Diensträume im Keller, zentrales

Der Wohntrakt. Der linke Teil stammt aus dem 16., der rechte aus dem 17. Jahrhundert.

Treppenhaus mit gegenläufiger Treppe in der ganzen Gebäudetiefe, links und rechts der Treppe ein großer Saal im Parterre. Der Großvater ließ die linke Hälfte des Wohntrakts, den zentralen Vorbau mit der Treppe, den kurzen rückwärtigen Flügel und einen großen Pavillon* an der hinteren Ecke zur Gartenseite hin erbauen. Der Enkel vollendete den Wohntrakt und verdoppelte den Flügel, stellte aber den geplanten Bau eines großen, symmetrischen Pavillons zurück, der nie gebaut wurde. Hingegen beauftragte er Jean Lejuge, einen Architekten aus Bourges, mit dem Entwurf der Gebäude, die den Hof einschließen: An jeder Seite liegt ein niedriger Flügel mit Galerien, das äußere Ende nimmt ein großer Pavillon ein, an den ein kleinerer mit dem Treppenhaus anschließt.

Diese malerische Ansammlung von Gebäuden, verschieden geformten Dächern, Fassaden mit Bossierungen und mächtigen Lukarnen* ist fester Bestandteil einer bunten Formenvielfalt, die man fälschlicherweise als Stil „Louis-treize“ klassifizierte. Zwar waren diese Formen während seiner Regierungszeit weit verbreitet, doch sind sie bereits ein halbes Jahrhundert früher am Hof der letzten Valois entstanden.

LANGEAIS

In der Touraine, an der Grenze zum Anjou, stehen der verfallene Donjon* und der Wohntrakt des Schlosses von Langeais. Der Turm soll ein Werk Fulco Nerras, des Grafen von Anjou, aus dem Ende des 10. Jahrhunderts sein. Das Schloß wurde auf Befehl Ludwigs IX. in den Jahren zwischen 1465 und 1467 von Jean Bourré, Capitaine von Langeais und treuer Diener des Königs, der auch Plessis-Bourré erbaute, errichtet.

Der Donjon steht auf der Spitze eines Felssporns, der den Zusammenfluß von Loire und Roumer beherrscht; er zählt zu den besterhaltenen romanischen Donjons im Tal. Unterhalb davon liegt das Schloß. Als Sperrriegel gegen die Herzöge der Bretagne war es nach außen zwar eine wehrhafte Burg, zeigte aber innen schon den Wohnkomfort der Renaissance. Die Befestigung mit Rundtürmen, Zugbrücke, Wehrgang und Pechnasen* bot dem ängstlichen Herrscher Schutz. Die Touraine befand sich bereits in seinem Besitz, und das Anjou gehörte schon den jüngeren Valois. Als Karl im Jahr 1491 Anne, die Erbin der Bretagne, heiratete, wurden die Verteidigungsanlagen endgültig überflüssig.

LINKE SEITE:
Das Schloß Ludwigs XI.

OBEN:
Reste vom Donjon des Fulco Nerra.

OBEN:
Das Dach des Wohntraktes.

LINKE SEITE:
Die Treppe zum Eingang wurde im 19. Jahrhundert nach der Beseitigung der Burggräben gebaut.

Die Hochzeit von Karl VIII. und Anne de Bretagne im Schloß von Langeais am 6. Dezember 1491.

„Für diesen feierlichen Moment entfaltete Anne de Bretagne trotz aller finanziellen Not großen Luxus in Kleidung und Ausstattung (...).
Das, was alles übertraf, war das Brautkleid aus Goldtuch, das mit erhabenen Goldreliefs verziert war, das Material wurde *Goldstoff mit erhobenem Muster* genannt, eine Elle des Stoffes war 7350 Francs wert. Zu acht wurde an dem Kleid der Herzogin gearbeitet (...). Man hatte das Kleid zunächst mit schwarzem lombardischen Lammleder gefüttert, aber dieser Pelz erschien nicht wertvoll genug und wurde durch sechzig Zobelfelle ersetzt (...).
Außerdem hatte Anne de Bretagne den Edelmännern, Hofdamen und Ehrenjungfrauen ebenso wie den Hausdienern Kleider aus samtiger Seide gegeben."

Le Roux de Lincy (1806-1869)
Vie la de Reine Anne de Bretagne.

Lavardin

Der Donjon.

Lavardin gehörte den Grafen und späteren Herzögen von Vendôme. Während der Religionskriege wurde es vom legitimen Eigentümer, Henri de Bourbon, dem Grafen von Vendôme und späteren König Heinrich IV., geschliffen, als er 1590 die verschanzten katholischen Ligisten von dort vertrieb. Die Burg des Grafen von Vendôme, die für Anfang des 11. Jahrhunderts bezeugt ist, war wohl ein einfacher Holz-Lehm-Bau, der an der Stelle des späteren Donjons* stand.

Alle Bauten, von denen noch Reste stehen, gehen auf die lokale Dynastie der Lavardin zurück, der das Haus Vendôme die Burg anvertraut hatte. Die Burg von Lavardin war auf einem verschanzten Felssporn errichtet worden, der das Tal beherrscht und vom Rest des Plateaus durch einen mächtigen Donjon abgeschirmt wird, der als Hauptwerk der Verteidigung auf dem höchsten Punkt steht. Der Rohbau dieses rechteckigen Bergfrieds wurde gegen 1070 fertiggestellt, während die Rundtürme an den Ecken und die untere Ringmauer später angebaut wurden. In den Jahren von 1380 bis 1384 wurde die Innenausstattung vollkommen erneuert. Die inneren Mauern der Burg verfielen, so daß nur noch ihr äußeres „Skelett" steht. Am Fuße des Donjons liegt eine natürliche Plattform, auf der der Wohntrakt stand. Darunter befanden sich eine zweite Fläche und die Nebengebäude. Beide Ebenen waren durch eine Ringmauer aus dem 12. Jahrhundert geschützt, die im 14. Jahrhundert modernisiert wurde. Von dem Wohntrakt, den Nebengebäuden und von der Ringmauer sind noch beträchtliche Überreste erhalten.

NEBENSTEHEND:
Der Zentralraum mit den großen Sälen.

RECHTE SEITE:
Reste der Türmchen aus dem 14. Jahrhundert.

Loches

Eine fast zwei Kilometer lange, befestigte Ringmauer aus dem 12. und 13. Jahrhundert umgibt den Felssporn, der das Indretal beherrscht. Ein gewaltiger Graben trennt die Burg von der Hochebene. Am Südende des Felsens liegt der Donjon*, im Norden der *Logis Royal*, die Mitte nimmt die um 1150 erbaute Stiftskirche Saint-Ours ein. Diese Anlage ist eines der besterhaltenen Architekturensembles des Mittelalters.

Im 6. Jahrhundert wurde ein *castrum* in Loches erwähnt. Später besaß Fulco Nerra, der mächtige Graf von Anjou, den Ort und begann um 1030 mit dem Bau des 37 Meter hohen Donjon. Der Eingang liegt in einer Höhe von drei Metern; zu ihm führt ein niedrigerer Turm, der sich an den großen anlehnt. Gegen Ende des 12. Jahrhunderts kämpften der französische König Philipp II. August und die englischen Könige Johann Ohneland und Richard Löwenherz um Loches. 1249 erwarb Ludwig IX. der Heilige die Burg, die fortan Krongut blieb. Karl VII. und Ludwig XI. residierten hier gerne im *Logis Royal* vom Ende des 14. Jahrhunderts. Karl VII. empfing hier seine Favoritin Agnès Sorel, nach deren Grab der „Turm der Schönen Agnès" benannt wurde. Der königliche Wohntrakt wurde unter Karl VIII. und Ludwig XII. im gotischen Flamboyantstil* erweitert. Die Stiftskirche Saint-Ours hat einen bemerkenswerten Skulpturenschmuck und zwei eigenwillige pyramidenförmige Dächer.

Agnès Sorel und Karl VII.

König Karl VII. war in Liebe zu Agnès Sorel entflammt und nur darauf bedacht, sie mit Zärtlichkeiten zu überhäufen. Er schien alle Energie und Tatkraft verloren zu haben und kümmerte sich kaum mehr um sein Königreich. Eines Tages erzählte ihm Agnès, daß sie als Mädchen von einem Astrologen erfahren habe, wie ihre Zukunft aussehen würde: Einer der unverzagtesten und mutigsten Könige würde sie umwerben und lieben. Als der König ihr die Ehre erwies, sie mit seiner Liebe zu beschenken, sei sie zunächst überzeugt gewesen, daß er der tapfere König sei, von dem der Astrologe gesprochen habe. Da er sich jedoch als so willenlos erwies und sich nicht mehr um seine Angelegenheiten kümmerte, glaube sie, sich getäuscht zu haben. Dieser furchtlose König müsse wohl der König von England sein, der so gute Waffen fertigte und vor ihren Augen so viele schöne Städte einnahm. „Also muß ich ihn suchen, denn er ist es, von dem der Astrologe sprach", sagte Agnès zum König. Diese Worte trafen den König mitten ins Herz, so daß er zu weinen begann. Von jenem Tage an faßte Karl VII. wieder Mut, wandte sich von der Jagd und seinen Gärten ab und nahm die Dinge erneut in die Hand. Er entwickelte so viel Energie, daß er die Engländer ehrenhaft und verwegen aus seinem Königreich vertrieb.

Pierre de Brantôme, *Das Leben der galanten Damen.*

OBEN:
Der Dachboden; ein romantisches Bild vom höfischen Leben im königlichen Wohntrakt.

LINKE SEITE:
Der Logis Royal.

Der Donjon. Links steht der eigentliche Donjon, an den sich ein etwas niedrigerer Turm anlehnt; beide Türme stammen aus dem 12. Jahrhundert. An den kleinen Donjon sind Ende des 15. oder Anfang des 16. Jahrhunderts weitere Bauten angefügt worden.

Der Donjon von Loches

Der Donjon von Loches diente vom Ende des 15. Jahrhunderts bis zur Französischen Revolution als Gefängnis: Man kann fast sagen, daß er dadurch erhalten blieb. Hier schloß König Ludwig XI. seine Feinde in Eisenkäfige ein. Diese sind keine Legende: Aus den königlichen Rechnungsbüchern geht hervor, wieviel diese Folterinstrumente kosteten. Der Historiker Commynes, der sie acht Monate „prüfte", nennt sie in seinen *Mémoires* „unerbittliche Gefängnisse, innen und außen bedeckt von eisernen Krampen, mit schrecklichen Beschlägen in Kopfhöhe und einen Fuß darüber". Eine Zeichnung aus der Sammlung Gaignières gibt einen der Käfige von Loches wieder.

LINKE SEITE:
Im königlichen Trakt, das Betzimmer der Anne de Bretagne, die nacheinander mit Karl VIII. und Ludwig XII. verheiratet war. Das Dekor besteht aus den Hermelinen des Wappens der Herzöge der Bretagne und dem Knotenstrick des Heiligen Franziskus, welcher den Franziskanern als Gürtel dient und von Anne de Bretagne als Emblem übernommen wurde.

OBEN:
Portal der Kirche Saint-Ours. Die Türe ohne Tympanon könnte der romanischen Schule des benachbarten Poitou zugerechnet werden. Die Skulptur ist in drei Registern angelegt: ganz oben die Anbetung der Könige, in der Mitte zwei schwer zu identifizierende Szenen (Mariae Verkündigung oder Heimsuchung) und unten der heilige Petrus und ein nicht bestimmbarer Heiliger.*

Le Lude

LINKS:
Fassade Ludwigs XII. Auf dieser Seite der Umfassung ist der Eingang zum Hof, an dessen Ende sich der Wohntrakt befindet.

RECHTS:
Detail eines Turms mit dem Stachelschwein, dem Wappentier Ludwigs XII.

Die Burg ist seit dem 10. Jahrhundert belegt und wurde im Mittelalter mehrmals umgebaut. Nachdem die Familie Daillon sie 1457 erworben hatte, begann wahrscheinlich Jean II. de Daillon, der Kammerherr Ludwigs XI. und Gouverneur der Dauphiné (er starb im Jahr 1480), mit dem Neubau des Schlosses; sein Sohn Jacques II. (er starb 1532), ein Kammerherr im Dienst der Könige Ludwig XII. und Franz I., stellte es fertig. Über dem alten vierseitigen Grundriß wurde eine dreiflügelige Anlage um einen Innenhof errichtet, die an den Ecken von Rundtürmen flankiert und durch Gräben geschützt wird. Die Hoffassaden wurden in der zweiten Hälfte des 16. Jahrhunderts erneuert.

1785 baute der Architekt Jean-Benoît-Vincent Barré den Eingangsflügel und den rückwärtigen Flügel wieder auf. Mitte des 19. Jahrhunderts wurden umfangreiche Restaurierungsarbeiten durchgeführt.

Die Außenfassade des linken Flügels geht möglicherweise auf die Bauarbeiten zurück, die Jean II. de Daillon von dem Baumeister Jean Gendrot durchführen ließ. Das Reiterstandbild von Jacques II. entstand aber erst im 19. Jahrhundert. Die Außenfassade des rechten Flügels zählt zu den beachtlichsten Werken der Renaissance an der Loire, sie wurde zwischen 1520 und 1530 von Jacques II. erbaut und blieb von späteren Restaurierungsarbeiten nahezu verschont.

Rückseite des Wohntrakts.

Hier findet sich die Fassadengestaltung des Flügels Franz' I. in Blois und die Türme von Chambord wieder. Eine Neuheit stellt die Terrasse dar, die sich zwischen den Türmen am Schloßgraben erstreckte. Allerdings befanden sich die Flachreliefs mit dem Wappentier Ludwig XII., dem Stachelschwein, ursprünglich nicht am Terrassengeländer. Hier haben Restaurierungen die Geschichte verfälscht. Die Fassade des Flügels

NEBENSTEHEND:
Die Treppe aus dem 19. Jahrhundert.

RECHTE SEITE:
In der Galerie: ein Kamin mit dem Wappen der Daillon.

wird oft kritisiert, weil sie die architektonische Einheit des Schlosses breche; sie ist jedoch das Werk eines der größten Architekten jener Zeit.

Ein kleiner Innenraum birgt eine Besonderheit: Eine Freskenfolge zeigt den Triumph der Keuschheit, einige alttestamentarische Szenen (vor allem die Josephslegende im Gewölbe) und Grotesken, die an Fontainebleau erinnern. Der Raum wurde zwischen 1559 und 1585 für Guy de Daillon und seine Frau Jacqueline de La Fayette nach Buchmalereien aus dem Familienbesitz, vor allem einem Manuskript von Petrarcas *Triomphi* (um 1515) ausgemalt. Die Themen lassen zwar an einen Gebetsraum denken, doch handelt es sich um eines der wenigen in Frankreich erhaltenen *Studioli* italienischer Tradition.

NEBENSTEHEND:
Der Gardesaal: Er wurde im 19. Jahrhundert mit Darstellungen von Garden um 1600 zusammengestellt und erhielt so seinen Namen.

RECHTE SEITE:
Die Treppe aus dem 19. Jahrhundert.

Ein Kabinett, das im Auftrag von Guy de Daillon (gestorben 1585) oder von seiner Frau Jacqueline de La Fayette mit Malereien ausgestattet wurde. Sie folgen vor allem einem illustrierten Manuskript von Petrarcas Triomphi*, das für Jacques de Daillon, den Erbauer des Schlosses, gemalt wurde. Die Darstellungen sind sehr komplex und behandeln die eheliche Treue und die Treue zum König.*

LINKE SEITE:
Der Triumph der Keuschheit.

NEBENSTEHEND:
Die Lünetten zeigen die Geschichte von Josef, dem Sohn von Jakob und Rachel und treuem Diener des Pharao. Links unten die Begegnung von Josef und Rachel am Brunnen, rechts die Verzweiflung einer Ehefrau über den Tod ihres Gatten.

Luynes

NEBENSTEHEND:
Umfassungsmauer mit dem Eingang zum Hof, an dessen Ende der Wohntrakt liegt.

RECHTE SEITE:
Rückseite des Wohntrakts.

Die Burg war ursprünglich im Besitz der Familie de Maillé und trug ihren Namen. Von einer Anlage aus dem 13. Jahrhundert steht noch die hohe, von Rundtürmen flankierte Ringmauer. Der Donjon*, der einen großen Teil des umfriedeten Areals einnahm, wurde im 17. Jahrhundert abgerissen.

Im Hundertjährigen Krieg spielte die Burg Maillé eine wichtige Rolle: So hieß der mächtige Turm in der Mitte des Gevierts, der vermutlich während des Krieges umgebaut worden ist, auch „Donjon der Engländer" genannt. Das lange Gebäude des Corps de logis* stammt teils vom Ende des 15. Jahrhunderts, teils aus der Zeit um 1600.

Hardouin IX. de Maillé ließ den ersten Abschnitt erbauen. Ursprünglich bot er das typische Bild eines kleinen Schlosses: Ziegel und Bruchstein, ein Turm mit Wendeltreppe, große Fensterkreuze und hohe Lukarnen*; er wurde aber zwischen 1875 und 1880 stark umgebaut. Guy de Laval oder Charles d'Albert ließen den zweiten Teil erbauen. Die Laval besaßen Maillé während des gesamten 16. Jahrhunderts. 1619 erwarb Charles d'Albert die Grafschaft Maillé, die

im selben Jahr zum Pairsherzogtum erhoben wurde und nach d'Alberts provenzalischer Herrschaft den Namen Luynes erhielt.

Charles d'Albert spielte seine Rolle in der kleinen wie der großen Geschichte. Als Page gewann er die Gunst Ludwigs XIII., dessen Falken er dressierte. Er nahm an einem Komplott teil, um den König von dem störenden Concini zu befreien. Dann kam er zu Ehren und wurde schließlich der tatsächliche Herr im Königreich. Als er aber 1621 starb, stand er kurz davor, in Ungnade zu fallen. Für seine Bauten in Maillé waren ihm nur vier Jahre geblieben.

Mehun-sur-Yèvre

Von dieser berühmten Burg stehen nur noch die imposanten Ruinen. Guy de Dammartin, der Architekt des Herzogs Jean de Berry, führte von 1367 bis 1390 verschiedene Umbauten durch. Einst war Mehun eine massive Burg, die vielleicht noch aus dem 12. Jahrhundert stammte. Der Architekt öffnete die ehemals geschlossene Eingangsseite und ließ hier eine Kapelle mit filigranem Mauerwerk im Stil einer Goldschmiedearbeit vorkragen. Die anderen Seiten der Festung durchbrach er mit zahlreichen hohen Fenstern und setzte schließlich reich verzierte Aussichtsterrassen auf die Türme. Eine Miniatur der *Trés riches heures du duc de Berry* vermittelt einen Eindruck von diesem außerordentlichen Bauwerk, das eines der ersten im Stil der französischen Flamboyantgotik* ist. Dieser Stil war während der Herrschaft Karls II. weit verbreitet und wurde besonders von Jean de Berry, dem Bruder des Königs, einem Kunstmäzen, Sammler und großen Bauherrn, gefördert. Zum ersten Mal in der Geschichte siegte die Lebenskunst über die Zwänge der Verteidigung. Bis zum Beginn der Renaissance prägte Mehun die Architektur im Tal der Loire.

Nur noch Ruinen stehen vom Schloß des Herzogs Jean de Berry. Die Très riches heures *zeigen das Bauwerk in einer Darstellung der „Versuchung Christi in der Wüste". Musée Condé, Chantilly.*

Meillant

Meillant, ein Schloß der Bourbonen, liegt ziemlich weit im Süden von Bourges am Cher, einem der kleinsten Zuflüsse der Loire. Erst mit dem Aufstieg des Hauses Amboise in der Mitte des 15. Jahrhunderts gelangte Meillant in den Kreis der Loireschlösser. Damals war es bereits gut hundert Jahre alt. Seine Gebäude standen entlang der vieleckigen Ringmauer, die den Hof völlig einschloß. Erst im 18. Jahrhundert wurde der Hof auf einer Seite geöffnet.

Eines der Gebäude ließ Charles I. d'Amboise (1481 verstorben) erneuern, ein anderes sein Sohn Charles II. (vor 1510). In seiner schlichten Anlage ist das erste typisch für die Bauten der Zeit Ludwigs XI., dem

LINKE SEITE:
Links der Treppenturm, der „Löwenturm" (wegen des Löwen an der Spitze). Er wurde vor 1510 für Charles II. d'Amboise im Flamboyantstil erbaut, der sich kaum von dem der Lukarne* (links) unterscheidet. Diese gehört zu dem Gebäudeteil, der zwischen 1473 und 1481 für Charles I. d'Amboise erbaut wurde. Der Löwenturm spiegelt keine Einflüsse von Charles II. Aufenthalt in Italien wider. Das Dekor zeigt Charles II. Emblem, den „chaud mont" der Amboise-Chaumont. Rechts: Der Portaltympanon* des Löwenturms. Hier findet man die verschlungenen „C" aus dem Wappen Charles II. und das Emblem des „brennenden Bergs".*

OBEN:
Die Rückseite des Schlosses. Der Mittelteil stammt aus dem 14. Jahrhundert. Links: Der Bau mit den beiden Lukarnen wurde zwischen 1473 und 1481 für Charles I. d'Amboise errichtet. Rechts: Der Anbau mit einer Lukarne und der eckige Turm sind Bauten des 19. Jahrhunderts. Im Hintergrund steht die Kapelle.

LINKE SEITE:
Das äußere Ende des Wohntrakts aus dem 14. Jahrhundert. Im Hintergrund die Kapelle.

OBEN:
Der Salon: Die kleine Loggia über dem Kamin ist eine Erfindung des 19. Jahrhunderts. Sie ist mit Szenen aus der Geschichte des Schlosses verziert.

Charles I. als Kammerherr diente. Der zweite Bau mit seinem Treppenturm im Flamboyantstil* ist eines der bemerkenswertesten Beispiele dieser Architektur, die ihre Blüte in der Zeit der ersten Italienfeldzüge hatte, aber von Italien nur die Vorliebe für bestimmte Ornamente übernommen hat.

Charles II. war Statthalter des Königs in Mailand; Brantôme konnte deshalb behaupten: „Ohne Mailand gäbe es kein Meillant.“ Dennoch findet sich im Dekor des Treppenturms keine Spur von italienischen Elementen. Die verschlungenen „C“ und der brennende Berg (*chaud mont*) sind die Embleme Charles' II., der im Loiretal auch Schloß Chaumont besaß. Es wird aber von einer Galerie berichtet, die mit den Medaillons der römischen Kaiser geschmückt war. Diese stammten mit Sicherheit aus Italien.

OBEN:
Dieses Zimmer wurde im 19. Jahrhundert im Stil von Meillant eingerichtet.

LINKE SEITE:
Josef, der Sohn Jakobs, erklärt den Brüdern seinen Traum. Wandteppich aus Brügge, 16. Jahrhundert.

In der Kapelle. Flügelaltar und Glasfenster aus dem 16. Jahrhundert.

Menars

Die Vorderseite. Die Flügel und der Haupttrakt stammen aus der Mitte des 17. Jahrhunderts; die Terrasse zwischen den Flügeln ließ Soufflot nach 1764 hinzufügen.

Das Schloß entwickelte sich rund um ein Gebäude aus der Zeit um 1650. Dieses bestand aus einem länglichen Haupttrakt zwischen zwei Pavillons und war für Guillaume Charron, Königlicher Rat und Generalschatzmeister der Kriegskasse, erbaut worden. Sein Sohn Jean-Jacques legte Gärten im französischen Stil und zwei Ulmenalleen mit Blick auf die Loire an.

Die berühmtesten Besitzer dieses Schlosses waren die Marquise de Pomadour, die Favoritin Ludwigs XIV., und ihr Bruder, der Marquis de Marigny, Leiter des königlichen Bauwesens. Die Pompadour erwarb Menars 1760 und beauftragte den königlichen Architekten Jacques-Ange Gabriel mit der Vergrößerung und Neuausstattung. Marigny, der Menars 1764 erbte, berief

Gabriels Konkurrenten Jacques-Germain Soufflot zum neuen Bauleiter. Im 20. Jahrhundert wechselte das Schloß öfters den Besitzer; dabei wurde es stark verändert. Einige Reste der von Gabriel entworfenen Innenausstattung haben sich aber erhalten.

Die Vasen und Statuen der Gärten wurden verkauft und durch Kopien ersetzt. Soufflots Zierarchitektur ist bis auf die Allegorie des Überflusses in einer Rotunde zwischen Schloß und Orangerie und das Nymphaeum am großen Bassin völlig aus den Gärten verschwunden. In diesem Nymphaeum stehen die antiken und modernen Souvenirs, die Marigny von seiner zwischen 1749 und 1751 unter Soufflots Führung unternommenen Italienreise mitgebracht hatte. Die gedrungenen dorischen Säulen stammen aus den griechischen Tempeln, die Soufflot in Paestum entdeckt hatte.

Der Rotunde mit der Allegorie des Überflusses. Soufflot ließ sie vor der Orangerie erbauen.

Die Rückseite. Der mittlere Teil stammt aus dem 17. Jahrhundert. Die beiden Flügel wurden von J.-A. Gabriel hinzugefügt.

NEBENSTEHEND:
Oben: die Orangerie.
Unten: die Küche.

Das Dekor, das Gabriel und Soufflot für die Marquise de Pompadour und ihren Bruder, den Marquis de Marigny, entworfen hatten, sind ein Bindeglied zwischen Rokoko und dem Stil, der sich als „Louis-seize" ankündigte.

Die Marquise de Pompadour, der Marquis de Marigny und die Rückkehr zum großen Stil

Uneingeweihte setzen die Pompadour mit Rokoko gleich. Dabei war in den letzten Jahren, die die Pompadour am Hof verbrachte, eine Zeit angebrochen, die man als die Rückkehr zum großen Stil bezeichnete, als Tradition des 17. Jahrhunderts. Gabriel erbaute das kleine Trianon (vielleicht schon der Stil „Louis-seize") für die Mätresse, die, nebenbei bemerkt, verstarb, ehe sie es in Besitz nehmen konnte. Die Marquise setzte ihren Bruder als Leiter des königlichen Bauwesens durch. Der künftige Marquis von Marigny wollte sich bestens auf sein Amt vorbereiten und reiste zwei Jahre unter der Leitung Soufflots durch Italien. Die Kunst Soufflots sollte später zum Wahlspruch für Marigny werden: Kein frivoler Rokokostil, keine nüchterne Antike, sondern eine französische Kunst.
Marigny hatte vor, einen chinesischen Tempel in Ménars zu errichten. Daraufhin schrieb ihm Soufflot: „Ein Bauleiter, der Frankreich nach 30 langen Jahren erneut zum guten, architektonischen Stil verholfen hat, kann es sich nicht erlauben, chinesisch oder arabisch anmutende Gebäude zu errichten." Die geistreiche Antwort Marignys lautete: „Ich stimme mit Ihnen überein, was die Aufgabe eines meisterhaften Künstlers anbelangt. Sie werden jedoch zugeben müssen, daß nicht meine Stellung, sondern meine Person auf Ménars lebt."

MONTGEOFFROY

Das Schloß, das zwischen 1772 und 1776 für den Feldmarschall Louis-Georges-Érasme, Marquis de Contades erbaut wurde, erhebt sich auf dem Grund eines älteren Schlosses, von dem einige Bauten weiterverwendet wurden. Es repräsentiert einen Typus, der sich ein Jahrhundert zuvor ausgebildet hatte. Von den aus Paris kommenden innovativen Strömungen, die das Jahrzehnt prägten, ist hier nichts zu spüren und trotzdem wird es mit Recht zu den wichtigen Loireschlössern gezählt. Zum einen wurden in dieser Epoche an der Loire nur noch selten Schlösser gebaut, zum anderen blieb sein Zustand von 1770 — zusammen mit der zeitgenössischen Einrichtung — vollständig erhalten. Schloß Montgeoffroy blieb von der Französischen Revolution ebenso verschont wie sein Eigentümer, der nicht zur Emigration gezwungen wurde. Der Marquis stand unter dem Schutz seines Enkels Hérault de Séchelles, einem Mitglied des Konvents. Anhand der erhaltenen Archive läßt sich an Montgeoffroy nachvollziehen, wie am Ende des *Ancien Régime* ein Schloß in der Provinz gebaut wurde. Das Projekt wurde in Paris vom Bauherrn, dessen Verpflichtungen ihm nur selten die Reise nach Montgeoffroy erlaubten, und dem Architekten Jean-Benoît-Vincent Barré geplant und entschieden. Barré arbeitete auch in Le Lude, aber sein aufwendigstes und interessantestes Werk war Schloß Marais in der Nähe von Paris. Daß ein Architekt so gegen-

VORHERGEHENDE SEITE:
Die Schauseite. Als Einfassung für den Corps de logis des 18. Jahrhunderts ließ man zwei Türme einer älteren Anlage stehen, die von der langen Tradition dieses Ortes zeugen. Von großem Interesse ist das Mobiliar auf Montgeoffroy, das zur gleichen Zeit wie Architektur und Innenausstattung bei Pariser Teppichwebern und Kunsttischlern in Auftrag gegeben wurde. Es blieb bis heute unverändert an seinem Ort.*

sätzliche Werke hervorbrachte, erklärt sich aus den verschiedenen Gattungen: Ein Landschloß für den Schwertadel unterscheidet sich vom Familiensitz eines Neureichen. Offenbar hielt Barré es nicht für nötig, selbst vor Ort nach dem Rechten zu sehen. Der ortsansässige Architekt Simier (Gilles oder Pierre?) wurde mit der Bauleitung betraut. Aber die Beziehung zu dem Auftraggeber in Paris gestaltete sich schwierig, wie die Korrespondenz zeigt. Die berechtigte Kritik, die der mit den örtlichen Gegebenheiten vertraute „Provinzler" am Bauvorhaben äußerte, brachte ihm einen Verweis des Marschalls ein. Es scheint aber durchaus möglich, daß dieses Schloß, perfekt wie ein bereits bewährtes Modell, dem ausführenden Architekten einiges zu verdanken hat.

Montreuil-Bellay

OBEN:
Links die Küche, im Hintergrund die Unterkunft der Stiftsherren. Rechts das neue Schloß. Viele Loireschlösser haben ihre Stiftskirche bewahrt, die vom Schloßherrn gegründet und von Stiftsherren gepflegt wurde. Jeder Stiftsherr erhielt vom Herrn eine Pfründe, das heißt ein festes Einkommen, und ein Haus. Nur wenige der Stiftsherrenhäuser sind in Frankreich erhalten. Sie befanden sich im Kreuzgang, einer Art kleiner Stadt, vergleichbar mit den Beginenhöfen in Flandern. Die Stiftsherren lebten nach gemeinsamen Regeln, ähnlich denen des Kartäuserordens. Aber nur selten fügten die Stiftsherren ihre Häuser wie auf Montreuil-Bellay nach Art der Kartäuser als geschlossenes Ensemble zusammen.

Die Gebäude dieses Schlosses am Fluß Thouet gehen größtenteils auf Guillaume d'Harcourt und Yolande de Lavel, mit der er sich 1454 vermählte, zurück. Guillaume starb 1482, sechs Jahre vor seiner Frau. Ihre Umbauten sind charakteristisch für die Renaissance der zweiten Hälfte des 15. Jahrhunderts, die noch völlig von der Gotik geprägt war. Die mittelalterliche Burg ist noch zu erkennen, sie blieb zu weiten Teilen sogar erhalten. Der äußere Mauerring mit den dreizehn Türmen wurde über den alten Fundamenten erneuert. Die Gebäude waren im Hof willkürlich verstreut und schlossen diesen ab, was auf die Wiederverwendung der älteren Burg oder die mittelalterliche Bauweise zurückzuführen sein mag. Der Donjon*, wahrscheinlich von Fulco Nerra zu Anfang des 11. Jahrhunderts erbaut und erst im 19. Jahrhundert aus der Mitte des Hofes verschwunden, demonstrierte die Altadeligkeit der Schloßherren.

Sicherlich ist das *Château-Neuf* mit dem repräsentativen großen Treppenturm mit der Wendeltreppe und die Stiftskirche, zugänglich über ein Stiftskapitel, Guillaume d'Harcourt zuzuschreiben. Die Macht der Lehensherren bemaß sich an den Pfründen ihrer Stiftsherren, die der Grundherren an der Zahl der Nistlöcher in ihren Taubenschlägen.

Bei dem großen Gebäudekomplex läßt sich nicht im einzelnen festlegen, wann der Torbau, das angrenzende *Châteaux-Vieux*, die Küche und der Wohnbau der Chorherren entstanden sind. Der Komplex geht teilweise oder als Ganzes auf Guillaume zurück.

Der Typ der Küche mit zentralem Herd und Rauchabzug in einer pyramidalen Wölbung war weit verbreitet; heute sind nur noch wenige Beispiele erhalten. Die Küche in Montreuil-Bellay liegt zeitlich zwischen den klösterlichen Küchen, die oft aus dem 12. Jahrhundert stammen, und dem Typus, den Philibert De l'Orme (1567) in seinem Architekturtraktat beschrieb.

Montreuil-Bellay fällt vor allem durch das Wohnhaus der Chorherren auf, das aus vier kleinen, einander ähnlichen Herrensitzen mit je einem eigenen Treppenturm besteht. Diese Herrensitze erinnern eher an

VORHERGEHENDE SEITE:
Das Eingangsschlößchen mit zwei Türmen: rechts davon das Châteaux-Vieux.

OBEN:
Das Wohnhaus der Stiftsherren besteht aus vier kleinen, einander ähnlichen Herrenhäusern, mit je einem eigenen Treppenturm.

RECHTE SEITE:
Der Salon.

Kartausen und Beginenhöfe als an Wohnungen von Stiftsherren und rufen vor allem den Vergleich mit Schloß Ripaille hervor, dessen sieben Pavillons* im Jahr 1434 für die Ritter des Ordens Saint-Maurice errichtet wurden. Als weitere Besonderheit von Schloß Montreuil-Bellay befinden sich in diesem Wohntrakt Badestuben, die mit dem Wappen von Harcourt geschmückt sind; vermutlich ließ Guillaume auch diese Bäder einrichten. Der Wohntrakt selbst muß einige Jahrzehnte älter sein, denn die Familie d'Harcourt saß hier schon 1415, Guillaume aber wurde erst 1428 Schloßherr.

Die Kapelle im Châteaux-Neuf, die mit Malereien aus der zweiten Hälfte des 15. Jahrhunderts geschmückt ist.

Montsoreau

Die Hofseite. Die Gebäude, die den Hof abschlossen, sind zerstört.

Montsoreau verdient den Namen „Loireschloß" ganz besonders, denn der Fluß strömte einst an seine Mauern. Es liegt etwa einen Kilometer von der Einmündung der Vienne entfernt. Seit dem 19. Jahrhundert trennt eine Straße das Schloß vom Fluß.

Von dem Schloß steht nur noch der große Wohntrakt, der auf der Flußseite von zwei starken quadratischen Türme gerahmt und zum Hof durch zwei kleine Flügel verlängert wird. Ursprünglich war der Hof allseitig umschlossen und von Pavillon-

Die Dame von Monsoreau

Unter diesem Titel machte Alexandre Dumas Montsoreau, das er ohne „t" schrieb, berühmt. Er schilderte die Intrigen am Hofe der Valois am Ende des 16. Jahrhunderts. Der Graf d'Anjou versuchte, seinem Bruder Heinrich III. die Krone zu entreißen. Inmitten dieser Unternehmungen entspann sich die Liebe zwischen Bussy d'Amboise und der schönen Diane de Méridor. Die folgende Passage beschreibt die erste Begegnung der Liebenden.

„Die Frau auf dem Porträt löste sich unerwartet aus dem Rahmen, und ein anbetungswürdiges Geschöpf kam auf ihn zu. Sie trug ein langes Kleid aus weißer Wolle, wie es sonst nur Engel tragen, die blonden Haare fielen ihr auf die Schultern, ihre Augen waren so dunkel wie schwarzer Bernstein, die langen Wimpern schimmerten seidig, und unter der Haut vermeinte man das Blut pulsieren zu sehen, was ihr einen rosigen Teint verlieh. Diese Frau war so unglaublich schön, ihre ausgestreckten Arme wirkten so einladend, daß Bussy sich ihr zu Füßen werfen wollte (. . .).
Als Bussy diese Frau erblickte, wurden die anderen Personen auf der Wand- und Deckenvertäfelung unwichtig. Die Frau auf dem Porträt bedeutete für ihn alles (. . .)."

Alexandre Dumas, *Die Dame von Monsoreau.*

türmen* flankiert. Nach 1455 ließ Jean de Chambes, Kammerherr Karls VII. und diplomatischer Gesandter in Italien, ein neues Schloß errichten. Denn aus diesem Jahr datiert ein königlicher Erlaß, der den freien Transport des für den Bau erforderlichen Bleis und Holzes garantierte. Das Schloß wirkt zunächst wie eine mittelalterliche Burg, doch der Schein trügt: Die Pechnasen* sind rein dekorativ. Im Frieden nach dem Hundertjährigen Krieg schien es überflüssig, ein Schloß zu befestigen. Der Corps de logis* ist über die Wendeltreppen zweier Treppentürme in den Zwickeln zugänglich, die zur ursprünglichen Bausubstanz gehören. Die Empore mit dem Eingang zum rechten Turm wurde aber völlig im italienischen Stil der frühen Renaissance umgebaut. Eine ähnliche Fassadengestaltung mit übereinandergesetzten Pilastern* findet sich 1510 in Gaillon. In der Ballustrade oben auf dem Turm täuschen Schiefereinlagen die Zwischenräume eines Gitterwerkes vor. Dieses Dekor findet sich auch in den königlichen Renaissanceschlössern an der Loire.

OBEN:
Der obere Teil der Treppe. Der Schiefer in den Zwischenräumen der Balustrade ist gut zu erkennen.

Mortier-Crolles

NEBENSTEHEND:
Im Vordergrund der Haupttrakt: Man sieht, daß er unvollendet ist oder aber verkürzt wurde. Dahinter ein Wohnturm in der Umfassungsmauer.

RECHTE SEITE:
Der Torbau.

Mortier-Crolles zählt nicht zu den im Loiretal zahlreichen befestigten Schloßanlagen, sondern eher zu den herrschaftlichen Landsitzen. Dieser wurde nicht wegen feindlicher Übergriffe nach außen abgeschirmt, sondern um das Privatleben zu schützen und den Rang des Schloßherrn herauszustellen. In den Friedenszeiten der zweiten Hälfte des 15. Jahrhunderts waren solche Landsitze im Königreich sehr beliebt. Auch „der gute König" René hat dies in seinem Herzogtum Anjou demonstriert, doch ist keiner dieser Bauten mit Mortier-Crolles vergleichbar. Die hohe Mauer umschließt ein nahezu regelmäßiges Viereck, das lediglich von vier Ecktürmen verteidigt wird. Statt der Schießscharten durchbrechen hier und da seltsame Fenster die Mauer und geben den Blick auf die Felder frei. Möglicherweise lehnten hier an der Mauerinnenseite einst Holzgebäude, die heute verschwunden sind. Der umfriedete Raum war ursprünglich dreigeteilt: Zur

Die Kapelle, vom Durchgang des Torbaus aus gesehen.

Linken lag der Wirtschaftshof, in den man durch einen Torbau gelangte, rechts befand sich der Garten, und dazwischen lag der zentrale Hof mit dem Wohntrakt und der Kapelle. Der gesamte Gebäudekomplex wird Pierre de Rohan, dem berühmten Marschall von Gié, zugeschrieben. Er diente unter Ludwig XI., Karl VIII. und Ludwig XII., nahm an den Italienkriegen teil und ließ im Loiretal Schloß Verger erbauen, das für seine Pracht und Modernität berühmt war. Mit dem Dekor im Flamboyantstil* vermischen sich auch einige Elemente der Renaissance, die das Gebäude in die Zeit datieren, in der der mächtige Marschall (er starb 1513) Lehnsherr in Mortier-Crolles war. Das rautenförmige Wappenschild, eines der heraldischen Zeichen der Rohans, erscheint zwar an mehreren Stellen, kann aber keine Hinweise für die Datierung der Anlage liefern, da sich Mortier-Crolles schon seit mehreren Generationen im Familienbesitz befand. Man darf andererseits bei der Chronologie der Baugeschichte den plötzlichen Stilwandel nicht übersehen, der zu dem eindrucksvollen Erscheinungsbild führte. Der untere Teil der Umfriedung mit seinen Türmen sowie der größte Teil der Burg und des Wohntraktes bestehen aus dem Schiefer der örtlichen Steinbrüche — dies ist die bretonische Seite des Baus. Dieser Teil kann allerdings schon einer früheren Bauphase angehören. Die Eingangspartie der Burg mit den beiden Türmen, die zwei rechten Ecktürme, die oberen Teile der Umfriedung und die Kapelle weisen ein auffallendes Mauerwerk auf, in dem sich Bruchsteine und Ziegel abwechseln. Der Ziegel wurde vor Ort hergestellt, der Stein aber ist Tuff, der auf dem Wasserweg aus dem Loiregebiet kam und am Ufer des nahen Oudon gelöscht wurde. Die dekorative Kombination von Bruchstein und Ziegel im Mauerwerk macht Mortier-Crolles zu einem typischen Loireschloß. Wer außer einem Hofmann im Dienste dreier Könige hätte das alte bretonische Schloß nach dieser neuesten Mode gestalten können? Wurde der Umbau aus Geldmangel abgebrochen, oder hatte sich der Marschall von Gié an das Gemäuer gewöhnt, das das Alter seines Hauses bezeugte? Falls die Gartenanlage wirklich aus dem Anfang des 16. Jahrhunderts stammt, ist ihre Integration innerhalb der Mauern sehr fortschrittlich. An der Gartenseite wurden die beiden Ecktürme der Umfassung als unabhängige kleine Herrensitze ausgebaut — zwei Wohntrakte für Vasallen oder Freunde.

Die Kapelle. Das Mauerwerk aus Ziegeln und Bruchstein blieb an der Außenfassade unverputzt. Im Inneren wurde Putz als Untergrund für Malereien aufgetragen.

Gesamtansicht des Schlosses. Auf der linken Seite liegt der Wohntrakt des Schloßherrn.

LE MOULIN

Philipp du Moulin begann um 1480 mit dem Wiederaufbau des Schlosses, für das er um 1490 die Erlaubnis zur Befestigung erhielt; erst Anfang des 16. Jahrhunderts wurden die Arbeiten beendet. Philipp hatte zwar am ersten Italienfeldzug teilgenommen, doch sein Schloß zeigt keine italienischen Elemente. Die Bauten sind im gotischen Stil eher planlos auf einem von Wassergräben eingefaßten Areal verteilt. Da die Umfassungsmauer teilweise verfallen ist, wirken die Gebäude heute wie Steine auf einem Spielbrett. Der Wohntrakt steht auf dem höchsten Punkt, ein Treppenturm ist ihm mittig vorgebaut und korrespondiert mit dem rückwärtigen Fluchtturm, seitlich schließt die Kapelle an. Diese Anlage ist für die kleinen Schlösser und sogar für die gotischen Landsitze charakteristisch. Moulin ist eines der gelungensten Beispiele für die Verbindung von Bruchstein und Ziegel. Die glasierten Ziegel wurden zu einem Rautenmuster zusammengesetzt, das gegen Ende des 15. Jahrhunderts in den Landsitzen an der Loire äußerst beliebt war.

Nantes

NEBENSTEHEND:
Die Umfassungsmauer. Der Eingang von der Stadt her.

RECHTE SEITE:
Von links nach rechts: der große Wohntrakt, der Turm des Goldenen Kranzes, der Palast des Grand Gouvernement.

Dieses Schloß ist größtenteils das Werk des Herzogs François II. de Bretagne und seiner Tochter Anne, der Herzogin der Bretagne. Durch ihre Ehe mit Karl VIII. und später mit Ludwig XII. wurde Anne Königin von Frankreich. Dementsprechend ist das Wappen zweigeteilt: Es trägt den Igel Ludwigs XII., das Hermelin Annes, die Wahlsprüche beider, und zahllose „A" im Zierat. Zwar wurde Nantes später durch Umbauten stark vergrößert, doch der Großteil der Bausubstanz geht auf Anne zurück, die ihrem Vater 1488 nachfolgte und selbst erst 1514 starb. François II., seit 1458 Herzog der Bretagne, wählte Nantes als Hauptresidenz und beauftragte den Kathedralbaumeister Mathelin Rodier 1466 mit dem Umbau des Schlosses.

Von einer ersten Burg aus dem 13. und 14. Jahrhundert blieben nur geringe Reste in der Südostecke der Stadtmauer erhalten. Die Anbauten aus der Zeit nach Annes Tod sind zwar umfangreich, aber mittelmäßig.

Das Schloß aus der zweiten Hälfte des 15. Jahrhunderts bietet ein insgesamt sehr geschlossenes Bild; es ist zugleich eine Burg und ein Palast. Die von Türmen flankierte Umfassungsmauer steht bis auf die 1800 bei einer Explosion zerstörte Nordecke noch vollständig. Diese Türme sollten mit Artillerie bestückt werden. Der Hufeisenturm, der diesen Namen nach seinem Grundriß erhielt, ist ein Geschützturm nach der neuesten Mode des Kriegswesens. Nicht ohne Absicht steht dieser Turm im Osten, nach Frankreich

hin. Hier zeichnete sich ein neuer Konflikt ab, eine Art Unabhängigkeitskrieg, den erst die Hochzeit der Herzogin beendete. Nach 1480 wurden viele Burgen im Herzogtum mit solchen hufeisenförmigen Artillerietürmen befestigt. Dennoch zeigen etliche Elemente, daß Schloß Nantes zur Kultur des Loiretals gehört. François II. wuchs am Hof Karls VII. auf, und bis zum frühen 19. Jahrhundert floß die Loire an der Südseite des Schlosses. Der Palast besteht aus zwei großen Gebäuden, die am „Turm der Goldenen Krone“ zusammentreffen. Das schmalste und vermutlich älteste Gebäude war zuerst herzoglicher Palast, bevor es im 17. Jahrhundert dann der Palast des *Grand Gouvernement* wurde. Damals errichtete man in der Mitte seiner Fassade eine Freitreppe, die wahrscheinlich einen Turm mit Wendeltreppe ersetzte. Die Explosion von 1800 sprengte ihre nördliche Hälfte, die zu einer Kapelle führte, weg. Das zweite Gebäude, größer und aufwendiger geschmückt, ist der *Grand Logis*. Er sollte durch einen Südflügel mit Blick auf die Loire erweitert werden, dessen Spuren noch im Mauerverband zu sehen sind. Man könnte Herzogin Anne als die Bauherrin des gesamten Wohntrakts ansehen, obwohl ihr gewöhnlich nur die oberen Abschnitte zugeschrieben werden. Der „Turm der Goldenen Krone“, womit tatsächlich eine heute verlorene Brunneneinfassung vor dem Turm gemeint war, enthält zwei Treppenläufe, die sich nur unten und oben berühren: eine kleine Wendeltreppe, die zum herzoglichen Palast führte, und eine große Wendeltreppe, die zum großen Wohntrakt hin ausgerichtet war. Die Unterscheidung zwischen Ehren- und Privattreppe findet sich zwar oft in den Schlössern dieser Zeit, aber ihre Integration in einen einzigen Turm ist ein Einzelfall. Möglicherweise war der Herzogspalast, in den man über die kleine Wendeltreppe gelangte, für die Privatgemächer vorgesehen, der große Wohntrakt dagegen den Empfängen vorbehalten. Die Fassade des herzoglichen Palasts liegt nach Südosten, wie es für Wohnräume empfohlen wurde. Zwei nahe beieinanderliegende Zwischenmauern laufen quer durch die Mitte des großen Wohntrakts und verhinderten den Bau großer Empfangssäle. Eine der Mauern ist zweifellos ein Rest der Giebelwand eines älteren Gebäudes. Sie sollte eigentlich durch die zweite ersetzt werden, um so einen großen und einen kleinen Saal zu schaffen. Der bedeutendste Teil des Schlosses aber ist der obere Teil des „Turms der Goldenen Krone“. Er besteht aus zwei Loggien, von denen die untere die beiden Treppen verbindet und die obere das Aussichtszimmer über der großen Wendeltreppe erweitert. Die Anlage dieser Loggien könnte Anne de Bretagne zugeschrieben werden, denn sie stammen aus dem architektonischen Repertoire des Loiretals und stellen den Zusammenhang zwischen seinen Schlössern und Nantes her.

Wie an vielen anderen Schlössern zeigt sich die Doppeldeutigkeit des „bretonischen Loireschlosses“ auch hier in der Wahl der Baumaterialien: Schiefer und bretonischer Granit für die Burg und Kalkstein von der Loire für den Wohntrakt.

„Turm der Goldenen Krone“. Er enthält zwei Treppen, die miteinander nur am oberen und unteren Ende in Verbindung stehen. Die Haupttreppe liegt links und bedient den großen Trakt mit den Empfangsräumen, die kleinere, rechte Treppe führt in den Saal des Grand Gouvernement*, der ehemals die herzoglichen Gemächer beherbergte. Zwei offene Loggien verbinden oben die beiden Treppen.*

Oiron

Die rückwärtige Ansicht.

Der linke Flügel des heutigen Schlosses wurde im 16. Jahrhundert von Artus und Claude Gouffier erbaut. Louis Gouffier und der Herzog de La Feuillade ließen im 17. Jahrhundert den Haupttrakt und den rechten Flügel bauen, den Madame de Montespan nach 1700 schließlich fertigstellen ließ.

Vom Schloß, das Guillaume I. Gouffier wieder aufgebaut hat, blieb nichts erhalten. Sein Sohn Artus nahm an den ersten Italienfeldzügen teil und wurde vom Grafen von Angoulême, dem späteren König Franz I., zum Gouverneur ernannt.

Mit der Thronbesteigung Franz' im Jahre 1515 erhielt Artus das Amt des *Grand Maître de France*, des königlichen Oberhofmeisters. Er starb bereits 1519. Unter ihm waren die untere Galerie im linken Flügel erbaut und seitlich des Schlosses die Stiftskirche begonnen worden, die schließlich von seiner Witwe Helene de Hangest fertiggestellt wurde. Hier wurden Guillaumes I.

NEBENSTEHEND, OBEN:
Blick auf den rechten hinteren Turm.

NEBENSTEHEND, UNTEN:
Blick auf den rechten Flügel. Der linke Flügel mit dem Rundturm (vielleicht die Wiederaufnahme eines Baus des 15. Jahrhunderts) stammt aus dem 16. Jahrhundert (die alten Lukarnen wurden im 17. Jahrhundert ersetzt). Der Wohntrakt mit den großen Pavillons* wurde um 1620 für Louis Gouffier begonnen und um 1660–70 für den Herzog de La Feuillade vollendet. Der rechte Flügel mit Rundturm (der vielleicht ebenfalls ein Erbe des 15. Jahrhunderts ist) wurde für den Herzog de La Feuillade erbaut und für Madame de Montespan, die Oiron 1700 kaufte, vollendet.*

NEBENSTEHEND:
Malereien am Fuß der großen Treppe, 16. Jahrhundert.

RECHTE SEITE:
Die große Galerie im linken Flügel ist eine der größten Frankreichs. Im Auftrag von Claude Gouffier wurde sie von Noël Jallier in der Mitte des 16. Jahrhunderts mit Szenen aus der Ilias *ausgemalt.*

Die Decke der großen Galerie entspricht noch dem Originalzustand, die einfache Malerei aber wurde im 17. Jahrhundert hinzugefügt.

Witwe und Artus begraben, ebenso Guillaume II., Artus' Bruder, der berühmte Admiral de Bonnivet, der das riesige, heute zerstörte Schloß Bonnivet im Poitou erbauen ließ, und auch Claude, Artus' Sohn. Die Grabmale sollen von der berühmten Bildhauerfamilie Juste stammen. Claudes Laufbahn war ebenso glänzend wie die seines Vaters, aber länger: 1546 wurde er zum Oberstallmeister ernannt; er starb erst 1570. Er ließ die Treppe mit den abwechselnd geraden und gekurvten Treppenläufen bauen, die im unteren Teil sein Monogramm zusammen mit dem seiner ersten Frau Jacqueline de La Trémoille (Heirat 1526), im oberen Teil mit dem seiner zweiten Frau Françoise de Brosse, genannt de Bretagne (Heirat 1545), trägt. Zwischen den Initialen findet sich die Jahreszahl 1544. In der von seinem Vater erbauten unteren Galerie ließ der Oberstallmeister, angeregt durch die berühmte Galerie im Palazzo del Te in Mantua, die Porträts seiner Pferde malen. Im Obergeschoß des Flügels errichtete er eine Galerie, die er von 1545 bis 1549 mit vierzehn Szenen aus der *Ilias* und der *Aeneis* dekorieren ließ. Dies war nach der Galerie Franz' I. in Fontainebleau der größte gemalte Komplex in Frankreich. Die Malereien werden Noël Jallier zugeschrieben, die Komposition geht aber deutlich auf die Maler von Fontainebleau, auf Rosso Fiorentino und Primaticcio, zurück.

TESTAMEN
ST PERRE
FLEVRE DES
BOVQVET SACRE

NEBENSTEHEND:
Oben im Bild die neunte Szene des Trojanischen Krieges: der Tod Hektors. Im unteren Bild die elfte Szene: Aeneas' Flucht.

RECHTE SEITE:
Die achtzehnte Szene des Trojanischen Krieges: Paris kämpft mit Menelaos.

Dienstbarkeiten auf Schloß Oiron

„Der Herr von Oiron war als Vasall des Herrn von Thouars abhängig, so daß immer, wenn es dem Herrn von Thouars beliebte, eine Jagd auszurichten, dieser dem Herrn von Oiron befehlen konnte, einen Teil der Schloßmauer abzureißen, damit jener kein Hindernis finden würde, sollte sich die Jagdgesellschaft in diese Richtung bewegen. Man wird verstehen, daß es sich dabei um ein so drakonisches Recht handelte, daß man darauf bedacht war, es nicht auszunutzen; dennoch wird man auch verstehen, daß man dieses Recht bei manchen Gelegenheiten nur allzu gerne voll ausschöpfte; und was sollte dabei aus dem Herrn von Oiron werden?"

Saint-Simon, *Erinnerungen*, 1691–1701

OBEN:
Zehnte Szene des Trojanischen Krieges: das Trojanische Pferd.

RECHTE SEITE:
Gegenläufige Treppe mit halber Kehre, entworfen für Claude Gouffier (1535–1540).*

TANTÆNE ANIMIS COELESTIBVS IRÆ.

VORHERGEHENDE SEITEN:
Musenkabinett mit den Figuren der Neun Musen, das in den Jahren 1630 bis 1640 für Louis Gouffier entstand.

OBEN:
Großer Saal im ersten Stock des Haupttraktes: Deckendekor aus der Zeit zwischen 1630 und 1640.

Die Stiftskirche, von den Gouffiers als Grablege erbaut, wurde 1532 geweiht. Die Portale und die Betkapelle (rechte Seite) wurden zwischen 1535 und 1540 für Claude Gouffier angebaut. Das Grabmal für Philippe de Montmorency, den Großvater von Claude Gouffier, ließ dieser 1539 errichten.

Le Plessis-Bourré

Dieses Schloß gilt als Muster der frühen französischen Renaissance der zweiten Hälfte des 15. Jahrhunderts, die noch frei von italienischen Anleihen war. Diese wirtschaftliche, demographische und politische Renaissance begünstigte den gesellschaftlichen Aufstieg im Dienste des Königs. Jean Bourré, der 1462 die Grundherrschaft von Plessis erwarb, war Bürger, machte in der Zeit Ludwigs XI. sein Vermögen und wurde 1465 geadelt. Die Schlösser dieser Epoche sind das Spiegelbild dieses pragmatischen und sparsamen Königs. In Le Plessis-Bourré wie in Ludwigs Schloß Langeais, dessen Bauleiter Bourré war, waren die Verteidigungsanlagen unauffällig und das Dekor spärlich angelegt. Im ganzen gesehen sind diese Werke wahrscheinlich moderner als die späteren verschwenderischen Ritterschlösser der Könige aus der Epoche der Italienfeldzüge.

Vor Le Plessis-Bourré liegt ein Wirtschaftshof, der im 17. Jahrhundert umgebaut wurde. Ein breiter Wassergraben läuft um das Schloß, das auf rechteckigem Grundriß als vierflüglige Anlage mit runden Ecktürmen errichtet ist. Hier blieb fast nichts mehr im Originalzustand: Eingangsflügel und Seitenflügel wurden in der Höhe reduziert, so daß

OBEN:
Der Hof mit der Einmündung des Eingangsbereiches. Die Gliederung durch offene Galerien folgt der mittelalterlichen Tradition.

LINKE SEITE:
Ansicht der Torseite. Die Brücke verbindet das Schloß mit den Wirtschaftsgebäuden. Brücke und Eingang bilden eine Mittelachse; ein Ansatz zur einheitlichen Gliederung der Anlage.

OBEN:
Die Ansicht der Torseite, Zeichnung von 1695 aus der Sammlung Gaignières.

RECHTE SEITE:
Die rückwärtige Ansicht.

OBEN:
Der große Saal im Wohntrakt.

RECHTE SEITE:
Die Galerie. Sie nimmt die gesamte Länge und Breite des linken Flügels ein. Wie im Haus des Jacques Cœur in Bourges heizen auch hier zwei Kamine den Raum. Die Galerie, eine Art überdachter Wandelgang mit nicht genau bestimmbarer Funktion, ist ein wesentliches Element der Baukunst Frankreichs.

der rückwärtige Flügel seitdem als Haupttrakt dominiert. Dieser erhielt Luft, Licht und Aussicht wie nie zuvor. Das Schloß orientiert sich an der Achse zwischen Vorhof und Wohntrakt. Da im wesentlichen Frieden im Land herrschte, baute man die Kurtinen* niedriger. Trotzdem war das Schloß gut befestigt. Im Bau läuft ein uneinsehbarer Wehrgang ringsum, der nur am Eingangsturm und am stärksten Turm als Pechnasenkranz* vorkragt. Dieser große Turm ist zudem wie ein Donjon* befestigt, was sich aber erst im Inneren erkennen läßt. Die Fassaden sind praktisch ohne Dekor. Die gesamte Anlage wird Bourré zu Unrecht zugeschrieben, denn es ist offensichtlich, daß auch später noch daran gebaut wurde. Bourré stellte seine

Das Untergeschoß. Reste einer Lukarne.*

Jean Bourré und Ludwig XI.

Jean Bourré war von Ludwig XI. mit wichtigen Aufgaben betraut worden, die ihn gewöhnlich von seiner Baustelle in Le Plessis-Bourré fernhielten. Hier wollte er ein seiner Stellung angemessenes Schloß errichten. Bourré konnte Amboise nicht verlassen, da er sich dort um den kränklichen Thronfolger kümmern sollte. Der Briefwechsel zwischen ihm und dem König ist noch erhalten. In seinen Briefen ersuchte Bourré um die Genehmigung, die Bauarbeiten auf Plessis überwachen zu dürfen, oftmals erhielt er jedoch eine ablehnende Antwort.

Brief Bourrés aus Amboise

„Eure Durchlaucht, der königliche Thronfolger erfreut sich bester Gesundheit, sein Wohl liegt in Gottes Händen. Da Ihr mir nicht gestattet, mich für längere Zeit von hier zu entfernen, um eine Reise zu meinem Haus zu unternehmen, möchte ich Euch bitten, wenigstens eine Woche auf meine Anwesenheit in Amboise zu verzichten ... ich habe wichtige Angelegenheiten zu regeln ..."

Die Antwort des Königs:

„Herr von Plessis, ich habe Euren Brief gelesen. Sie werden sich keinesfalls nach Hause begeben."

Der König ließ Bourré, der sich in Plessis aufhielt, zu sich zitieren:

„Herr von Plessis, begebt Euch umgehend zu mir, sobald Ihr diesen Brief gelesen habt, da ich mit Euch zu reden habe. Bis heute habe ich Eure Entschuldigungen hingenommen, nun kann ich keinen Aufschub mehr dulden. Begebt Euch daher unverzüglich zu mir."

Der Gardesaal. Die Decke ist mit Historienmalereien vom Beginn des 16. Jahrhunderts dekoriert.

Bauarbeiten Anfang der 1470er Jahre fertig — allerdings unter großen Mühen, da der König seine ständige Präsenz verlangte und ihm den Aufenthalt auf der Baustelle verweigerte. „Sie werden auf keinen Fall zu Ihrem Haus gehen", beschied er auf eine Eingabe.

Das Deckengemälde im Gardesaal wird auf das frühe 16. Jahrhundert datiert und wurde möglicherweise noch von Jean Bourré in Auftrag gegeben; er starb erst 1506. Das dekorative Moment und die italianisierende Komposition stechen aber vom restlichen Bau ab. Die Gesamtdeutung des Gemäldes steht noch aus, einige Sujets sind rätselhaft. Szenen, die entschlüsselt werden konnten, legen nahe, daß diese Darstellungen Sprichwörter illustrieren. So wird der Geizhals, der inschriftlich benannt ist, als Wölfin dargestellt. Sie ist am Verhungern, da sie sich nur von treuen Frauen ernährt.

Plessis-Bourré ist seiner äußeren Erscheinung nach der Vorläufer eines Typs von Schlössern, die in doppeltem Sinn „bürgerlich" sind. Seine äußere Schlichtheit ist allerdings nur zeittypisch für die Epoche Ludwigs XI. Bald erscheint in der Architektur eine pittoreske Mischung aus Festungsbau und Ornamentik, die besonders bei den gesellschaftlichen Aufsteigern beliebt war — der Klasse, der auch Jean Bourré angehörte.

OBEN:
Die Decke im Gardesaal.

RECHTE SEITE:
Sechs der vierundzwanzig Szenen und Figuren, die die Decke des Gardesaals schmücken. Die Bedeutung des Zyklus ist nicht eindeutig zu klären. Von links nach rechts und von oben nach unten: Sirene vor dem Spiegel, Meerjungfrau und Spinnerin, die Quelle, der singende Esel, zwei Hunde, der Geizhals. Er ist durch eine Inschrift benannt und wird als Wölfin dargestellt, die sich nur von treuen Frauen ernährt und daher am Verhungern ist.

Le Plessis-Macé

OBEN:
Der Hof.

RECHTE SEITE:
Reformation, Revolution und Restauration haben die Steinlager gefüllt.

Im 11. Jahrhundert stand in Plessis-Macé eine hölzerne Burg, im 12. Jahrhundert ein Steinbau als Bollwerk zur Verteidigung des Anjou. Die Herren von Plessis-Macé nahmen am Feldzug der Anjou nach Sizilien teil. 1427 erwarb die Familie Beaumont die seit einem Jahrhundert verlassene Burg. Louis de Beaumont und sein Sohn Thibaut errichteten in der zweiten Hälfte des 15. Jahrhunderts die neue Anlage. Von der neuen Zeit ist aber kaum etwas zu sehen, denn innerhalb der Festungsmauer liegen die Gebäude verstreut

LINKE SEITE:
Die Empore der Michaelskapelle, Ende 15. Jahrhundert. Sie zählt zu den schönsten erhaltenen Sakraleinrichtungen in Frankreich.

NEBENSTEHEND:
Das Untergeschoß.

wie einst im 12. Jahrhundert. Der Donjon* wurde ohne Anbindung an die Umfassungsmauer auf seinem Hügel wieder aufgebaut.

Louis de Beaumont war erst Kammerherr des Herzogs von Anjou. Als dann unter Ludwig IX. das Herzogtum Krongut wurde, trat er in dessen Dienst. Er genoß die Gunst des Königs, der ihn zum Ritter seines Ordens vom Heiligen Michael machte. Diesem Erzengel wurde die 1472 geweihte Kapelle von Plessis-Macé gewidmet. Sie besitzt eine außergewöhnliche Empore mit hölzernem Gitter und Maßwerk im Flamboyantstil*.

Le Plessis-Macé liegt nahe bei Plessis-Bourré, dem Werk eines anderen Günstlings Ludwigs XI. Dem Zeitgeist folgend wollte sich der aufgestiegene Finanzmann Jean Bourré mit seinem modernen Bau einen Namen machen, der adelige Ritter Beaumont hatte dies nicht mehr nötig.

La Possonnière

Die Hofseite des Wohntrakts.

In La Possonnière blieb die Anlage aus dem 14. und 15. Jahrhundert weitgehend erhalten. Vom Wirtschaftshof führt seitlich des Wohntrakts ein Durchgang zum Haupthof. Ein Turm mit Wendeltreppe, das Herzstück der Hofanlage, gewährt den Zugang zum Wohnhaus. In einer Flucht mit diesem Trakt und dem Durchgang liegen zwei große Scheunen, die die Trennung beider Höfe vervollständigen. Die Wirtschaftsgebäude sind teilweise in den Hang hinter dem Hof gegraben.

Die Umbauten, die Loys Ronsard um 1510 durchführen ließ, sind deutlich zu sehen, obwohl dabei nur Zwischenwände versetzt und Laibungen* und Kamine umgestaltet wurden. Ronsard gehörte zum Haus des Herzogs Louis d'Orléans, der ihn nach seiner Krönung als Ludwig XII. zum Hofmeister ernannte. In dieser Stellung nahm Loys an allen Italienfeldzügen teil. König Franz I. erhob ihn zum Oberhofmeister des Dauphins. Als der von Kaiser Karl V. gefangengehaltene König gegen den Dauphin und seinen Bruder ausgetauscht wurde, begab sich Ronsard zusammen mit den königlichen Kindern in die spanische Gefangenschaft.

Das originelle Dekor der Kamine und Laibungen ist tatsächlich nur eine Mischung gotischer und italianisierender Formen und damit Teil der Ornamentik der frühen französischen Renaissance. In La Possonière wurde dabei eine ganz einzigartige Wirkung erzielt, indem die ausführenden lokalen Handwerker die eigentlich sehr genauen Vorlagen der italienischen Kunst völlig umarbeiteten. Loys Ronsard selbst konnte zwar auf seine Eindrücke in Italien zurückgreifen, der von ihm beauftragte Künstler benutzte nachweisbar Kupferstiche als Vorlage.

Das Dekor auf La Possonnière ist ein „sprechendes", voll von Symbolen, Emblemen und heraldischen Figuren und zugleich überladen mit einer Vielzahl von Inschriften.

Die Türe des Treppenturms.

Bis auf wenige Ausnahmen (die Lilie des Königs, der Salamander Franz' I. oder der brennende Rosenstrauch der Ronsards) bleiben die Bilder rätselhaft. Die Inschriften sind Wahlsprüche oder Sentenzen aus der

TILI·SOLI·GLORIA

LINKE SEITE:
Portal mit der Inschirft „Tibi soli gloria" (nur dir gebührt der Ruhm), ein Auszug aus dem Römerbrief des Apostels Paulus. Diese Türe führt in ein nicht näher bestimmbares Gebäude und war ehemals wohl die Tür zur Kapelle.

NEBENSTEHEND:
Die Wirtschaftsgebäude. Sie sind teilweise in den Hang gegraben.

Tradition der Heiden und der Christen. „Sustine et abstine" ist die lateinische Übersetzung der Devise des Philosophen Epiktet. Ronsard fand sie in den *Adagia*, die Erasmus von Rotterdam 1513 veröffentlicht hatte. Der Spruch bedeutet: „Halte aus und enthalte dich", allgemeiner: „Enthalte Dich der Freuden, die dem Seelenheil schaden können." Dieser Satz ist mehrmals zu finden, sogar auf der Küchentür! „Voluptati et gratiis" (der Freude und Anmut), das vermutlich aus dem *Liber de Voluptate* des Marsilio Ficino (1497) stammt, lädt dagegen zum Genuß des Lebens ein, denn „voluptas" bezeichnet nicht nur die sinnliche Lust, sondern ebenso die Freuden des Geistes und der Seele. Achtzehn französische und lateinische Inschriften bildeten so ein Lehrbuch für den jungen Pierre Ronsard, Loys' Sohn, der 1524 auf La Possonière geboren wurde. Der spätere Dichter fand hier die ersten Grundlagen seiner humanistischen Bildung.

NEBENSTEHEND:
Oben das Küchenfenster im Wirtschaftskomplex mit der Inschrift „Sustine et abstine" (Halte aus und enthalte dich). Unten einer der in den Hang gegrabenen Teile der Wirtschaftsgebäude.

RECHTE SEITE:
Kamin im großen Saal. Die Kaminhaube ist mit den Zeichen und Emblemen der Ronsards und mit Ornamenten nach italienischen Vorbildern verziert, die durch Kupferstiche verbreitet wurden.

NON·FALVNT

LES RÉAUX

OBEN:
Die Vorderansicht. Ganz rechts die Türme des Torhauses. Daran anschließend der Flügel aus dem 18. Jahrhundert.

RECHTE SEITE:
Der Donjon (links) und das Torhaus.

Vom Schloß des 16. Jahrhunderts, das einst den Namen Plessis-Rideau oder Plessis-Macé trug, stehen nur noch das Torhaus mit seinen beiden Rundtürmen und der Donjon*. Das Schloß, das den Salamander Franz I. und das Hermelin der Königin Claudia trägt, wurde vermutlich für Jean Briçonnet erbaut, der das Anwesen um 1515 erbte. Es ist eines der ansehnlichsten Beispiele für das dekorative, aus Bruchstein und Ziegel gemischte Mauerwerk. Gédeon Tallemant de Réaux, Autor der *Historiettes*, erwarb das Schloß 1651 und ließ sich 1653 den heutigen Namen verbriefen. An das Torhaus schließen ein langer Flügel aus dem 18. Jahrhundert und ein niedriger, kurzer Flügel aus dem Jahr 1897 an, der im Stil des 16. Jahrhunderts gehalten ist.

Saint-Ouen

OBEN:
Der alte und der neue Wohntrakt grenzen aneinander.

RECHTE SEITE:
Der Treppenturm des neuen Wohntrakts.

Das Schloß von Saint-Ouen besteht aus einer ehemaligen Kapelle und zwei hintereinanderliegenden Wohntrakten, die verschiedenen Epochen angehören. Bis ins 19. Jahrhundert hinein ergänzten Wirtschaftsgebäude die Anlage. Das älteste Gebäude ist vermutlich die Kapelle, die schon im 12. Jahrhundert belegt ist und zur Abtei von Roë gehörte. Im 15. Jahrhundert wurde sie umgebaut und ist heute ohne sakrale Funktion.

Der *Logis Vieux* vertritt den bekannten Typ des Herrensitzes des 15. Jahrhunderts: ein langgezogener Haupttrakt mit Zugang durch einen seitlichen Turm mit Wendeltreppe. Der bescheidene, schmucklose Bau könnte vom Beginn des Jahrhunderts datieren. Der *Logis Neuf* ist eine eigenwillige Erweiterung dieses Typs: Er besitzt das gleiche Haupthaus, den gleichen Treppenturm, die gleichen Lukarnen mit hohen Ziergiebeln, ist aber in deutlich vergrößertem Maßstab erbaut und mit Ornamenten, halb Flamboyant*, halb Renaissance, reich verziert. An diesen Trakt schließen auch auf der Rückseite zwei Pavillons* aus der Zeit um 1600 an, die jedoch noch ein gotisches Dekor aufweisen. Im 17. Jahrhundert konnte man diesen Stil perfekt imitieren, um die stilistische Einheit zu erhalten. Die Anlage eines zweiten Wohntraktes ist in der bürgerlichen Architektur gebräuchlich, doch ist der Unterschied zwischen altem und neuem Trakt selten so krass. Als ländlicher Bau wurde die ganze Anlage aus lokalem Schieferbruchstein errichtet. Nur für Fassade und Treppenturm wurde geschnittener Kalkstein aus Saumur verwendet.

Die Errichtung des *Logis Neuf* soll auf Guy Leclerc de Coulaine zurückgehen, der 1493 zum Abt von Roë gewählt, aber erst 1495 eingesetzt wurde. 1506 war er Beichtvater und Berater der Königin Anne de Bretagne, dann der ihrer Tochter Claudia von Frankreich. 1514 wurde er Bischof von Saint-Paul de Léon. Das Schloß gehörte damals der Abtei, und so hatte der Abt das Nutzungs-

OBEN:
Die Treppe im neuen Trakt.

RECHTE SEITE:
Hauptkamin im neuen Trakt.

recht. Der neue Bau ist keine einheitliche Konstruktion; mehrere Bauabschnitte sind zu unterscheiden, von den Pavillons einmal abgesehen. Erst errichtete man den Corps de Logis*, verlängerte ihn später, baute dann den Treppenturm an und stockte diesen schließlich auf. Die wichtigsten Arbeiten fanden zwischen 1505 und 1523 statt und wurden von Guy Leclerc in Auftrag gegeben, der sein Monogramm „GL“ und die kleinen Adler aus seinem Wappen überall auf der Inneneinrichtung und im Treppenturm anbringen ließ. 1505 erhielt er von seiner Abtei das persönliche Nutzungsrecht, 1523 starb er. Die Treppe weist einige Ähnlichkeiten mit der Treppe Ludwigs XII. in Blois auf und könnte zeitgleich mit dieser und vor 1515 entstanden sein. Ursprünglich stand die Treppe im Zentrum einer symmetrischen Fassade und führte auf jedem Stockwerk zu zwei Sälen, die jeweils durch ein einziges Fassadenfenster beleuchtet wurden. Später verlängerte man den Corps de Logis um ein Wandfeld, um ihn mit der Kapelle zu verbinden und störte so die Symmetrie der Fassade. Im Obergeschoß dieses Anbaus befindet sich der einzige mit einem Gewölbe gedeckte Saal. Er gilt als das Zimmer Guy Leclercs, doch wahrscheinlich war hier ein Betraum oder ein Kabinett eingerichtet, von dem eine Geheimtreppe in das Zimmer im Erdgeschoß führte. Dieses einst blinde Zimmer war ein Schutzraum, um den sich einige Legenden ranken. Der Treppenturm endet in einem Zimmer, das aus unbekannten Gründen das „Bad der Königin“ genannt wurde und über dem eine Terrasse lag. Die vorgeschlagenen Datierungen dieser Bauabschnitte sind keineswegs überzeugend. Einen Hinweis soll zum Beispiel der am Scheitelpunkt des Turmzimmers angebrachte Fries aus Rädern, das Emblem der Abtei von La Roë, geben — aber auch nach dem Tod von Guy Leclerc und bis zum Beginn des 17. Jahrhunderts wohnten Äbte aus La Roë auf Saint-Ouen und hielten sich besonders im Turmzimmer auf.

SARZAY

Im Vordergrund steht der einzige erhaltene Turm der Umfassungsmauer. Nur drei der ursprünglich vier Türme der Burg stehen noch. Der Treppenturm ohne Pechnasen wurde vermutlich später gebaut.*

Sarzay ist eines der südlichsten Loireschlösser. Obwohl es nahe eines Zuflusses des Indre liegt, grenzt es bereits an die ersten Ausläufer des Zentralmassivs. Gerade in der Auvergne und im Limousin gibt es viele dieser mächtigen Wehrburgen. Dieser Typus, ein quadratischer oder rechteckiger, befestigter Wohnbau, ein Donjon* mit runden Ecktürmen, geschützt von einer starken, mit Türmen bewehrten Umfassungsmauer, entstand in der zweiten Hälfte des 14. Jahrhunderts im Krongut von Vincennes, in der Nähe von Paris. Der Wehrbau von Sully-sur-Loire, im 14. Jahrhundert von einem Architekten des Königs erbaut, ist für diesen Typus das Bindeglied zwischen Paris und dem Zentralmassiv. Sarzay wurde wahrscheinlich in der ersten Hälfte des 15. Jahrhunderts für die Familie Barbançois errichtet, die im Hundertjährigen Krieg mitkämpfte. Angeblich standen 38 Türme an Sarzays Umfassungsmauer, davon ist nur der

Der Donjon. Die Pechnasen erlauben eine Datierung ins 15. Jahrhundert. Er ist der wichtigste Überrest des Wehrbaus, der einst eine mächtige Umfassungsmauer mit Türmen hatte.

Turm mit der Kapelle noch erhalten. An den Donjon schließt sich ein fünfter Rundturm mit der Treppe an, der bei allen anderen Schlössern dieses Typs fehlt. Dort sind die einzelnen Stockwerke über einen der Ecktürme oder über Holztreppen im Hauptgebäude zugänglich. Der Treppenturm wurde in Sarzay wohl nachträglich angebaut, vielleicht erst im 17. Jahrhundert.

Saumur

OBEN: *Ansicht der Westseite, deren Flügel im 18. Jahrhundert zerstört wurde.*

RECHTE SEITE: *Der Monat September in den* Très Riches Heures du duc de Berry. *Das Stundenbuch wurde Anfang des 15. Jahrhunderts für Jean de Berry begonnen und vielleicht für einen seiner Brüder oder für Louis d'Anjou, den Erbauer des Schlosses von Saumur, vollendet. Das Schloß wird zur Zeit der Weinlese abgebildet. Die Perspektive ist ähnlich wie die der oberen Fotografie. Musée Condé, Chantilly.*

Zu Beginn des 13. Jahrhunderts gelang es Philipp II. August, das Anjou von den Engländern zurückzugewinnen. Zum Schutz der Eroberung wurden zwei Festungen am Ufer der Loire errichtet: Angers und, etwa um 1230, Saumur. 1360 gründete König Karl V. für seinen Bruder Louis das Herzogtum Anjou. Karl V. und seine Brüder, die Herzöge von Berry, Burgund und Anjou, errichteten Bauwerke, die wegweisend für die Entwicklung der Herrschaftsarchitektur waren.

Die beiden bedeutendsten Innovationen waren die große Wendeltreppe, die als funktionales und vor allem repräsentatives Element diente, und das aus der Sakralarchitektur entlehnte durchbrochene Mauerwerk. Die Ehrentreppe in Saumur, die 1371 gebaut wurde, steigt vom Boden bis zum Giebel auf. Ihre Außenfassade war mit Balustraden und Nischen dekoriert, deren Skulpturen das Haus Valois verherrlichten. Diese Treppe ist das einzige Beispiel, das sich in der Nachfolge der berühmten Wendeltreppe des Louvre erhalten hat. Der Fortschritt ging aber nicht von Saumur aus. Es ist nicht zu belegen, daß der Herzog von Berry seinem Bruder den genialen Architekten von Mehun-sur-Yévre, Guy de Dammartin, zur Verfügung gestellt hätte. Die Quellen nennen Macé Darne als Baumeister des Herzogs von Anjou. Er begnügte sich, auf den Sockel einer Burg aus dem 13. Jahrhundert ein kompaktes Schloß mit vier Flügeln (einer wurde im 18. Jahrhundert zerstört) und Ecktürmen zu setzen. Allerdings setzte er auf die runden Turmstümpfe der Burg polygonale Türme mit Strebepfeilern an den Ecken. Aus ihnen entwickelten sich die Pilaster* der Türme von Chambord. Die Zinnen und Dächer besetzte er mit Lilien und Wetterfahnen (heute verloren), da die Prinzen der Valois eine Vorliebe für dieses Dekor hatten. Allerdings verzichtete er, im Gegensatz zu seinen Kollegen, auf größere Lichtgaden*, um die Verteidigung der Burg nicht zu schwächen.

Um 1590, während der Religionskriege, konstruierte ein italienischer Ingenieur mit Vornamen Bartolomeo zusätzliche Bastionen zur Verstärkung der Befestigung.

NEBENSTEHEND:
Die Südansicht mit dem Tor.

OBEN:
Der Hof. Der Haupttrakt (links) wurde zwischen Loire und Hof gebaut.

RECHTE SEITE:
Das Oratorium liegt im ersten Stock des Schlosses am Schnittpunkt von Nord- und Ostflügel. Es war Teil eines Ensembles, das unter König René (15. Jahrhundert) umfassend verändert wurde. Der Schlußstein ist mit „Liebesschlingen" in Form einer liegenden Acht verziert: Ein Emblem, das König René nach seiner zweiten Heirat zu Ehren seiner Gattin Jeanne de Laval übernahm.

Selles-sur-Cher

Blick über den Burggraben auf die Gebäude des Wirtschaftshofs.

Der heutige Wirtschaftshof war einst der Hof der mittelalterlichen Burg. Obwohl die erste Anlage sicher aus dem 10. Jahrhundert stammt, finden sich in den Befestigungsanlagen des Wirtschaftshofs nur Spuren des 1212 unter Robert de Courtenays entstandenen Neubaus. Im frühen 17. Jahrhundert wurden diese Bauten dann von Philippe de Béthune, dem jüngeren Bruder des Ministers Sully, weitgehend umgebaut. Seine glänzende diplomatische Karriere hielt Béthune davon ab, die Bauarbeiten, die 1612 beendet wurden, vor Ort zu verfolgen. Zweifellos hatte er einen der größten Architekten seiner Zeit gewählt — vielleicht sogar Jacques II. Androuet Du Cerceau.

Im Vordergrund der Blick über den Graben auf einen der Pavillons des Ehrenhofs.

Selles wurde in dem meist nach „Heinrich IV." oder „Ludwig XIII." benannten Stil errichtet: Es besaß ein Mauerwerk aus Ziegel und Bruchstein*, hohe Pavillons* und ein monumentales Portal in der Umfassungsmauer. Sein Dekor gehört stilistisch zum hochentwickelten Manierismus.

1788 wurde Selles, wie auch viele andere der königlichen Schlösser, zur Sanierung der desolaten Staatsfinanzen systematisch ausgeplündert; gleichzeitig führte ein Wandel im Geschmack auch zur Zerstörung zahlreicher privater Schlösser. Diesmal war also nicht die Französische Revolution für den zum Glück begrenzten Vandalismus verantwortlich.

Besuch der Thronerbin, der Enkelin Heinrich IV.

„Am häufigsten besuchte ich die Gräfin von Béthune, ich traf sie in Selles, einem sehr schönen und wohnlichen Haus, das am Ufer des Cher liegt. Die Gemächer sind sehr stattlich, bequem und gut eingerichtet. Die Gräfin und ihr Gemahl nahmen mich äußerst wohlwollend auf, und selbst der selige Herr von Béthune tat sein möglichstes, um mir seine Freude zu zeigen. Die Anwesenheit dieses berühmten Menschen verlieh dem Haus noch einen zusätzlichen Glanz. Jeder verehrt ihn wegen seines Verdienstes und seines Rufs, den er sich vor allem durch seine bedeutende Arbeit erworben hatte, als er Gesandter in Rom war. Er war um so mehr angesehen, als ihn mein Großvater, der König, zum Gouverneur des Grafen von Orléans, der mein Onkel ist, machte. Heinrich IV. erhielt den Beinamen der Große, da er sich durch äußerste Gewandtheit und großen Mut auszeichnete, seine Nachfolger werden es ihm nicht gleichtun können. Daher genügte allein seine Wertschätzung, um einem Mann zu hohem Ansehen zu verhelfen."

Der zweite Besuch im Jahr 1653:

„Von dort begab ich mich nach Selles, einem prächtigen Gebäude, das ich bereits erwähnt habe. Der Graf von Béthune und seine Gemahlin erwiesen mir die Ehre ihrer Gastfreundschaft. Die vorzüglichen Gerichte, die man mir reichte, waren so ausgezeichnet wie in Valençay. Selles hatte auch in anderer Hinsicht viel zu bieten: Der Graf nennt zahlreiche schöne Bilder sein eigen. Da ich in der Malerei nicht sehr bewandert bin, begeisterten mich nicht unbedingt die schönsten Gemälde. Die Porträts, die berühmte Männer Europas und des königlichen Hofs, beispielsweise meinen Großvater, den König, und meinen Onkel, darstellen, sowie die Bilder mit den Spruchbändern, denen zu entnehmen ist, was die dargestellte Persönlichkeit in ihrem Leben vollbracht hat, beeindruckten mich außerordentlich. Auch Manuskripte - unzählige Bände - waren einzusehen. Mit Vergnügen las ich die Briefe des Königs, meines Großvaters, und alle Geschichten, die sich zu jener Zeit ereignet hatten. In Selles, wo ich mich einen Tag aufhielt, würde ich mich niemals langweilen ..."

„La Grande Mademoiselle" de Montpensier
Erinnerungen, 1838 posthum veröffentlicht.

Die zwei Pavillons und der Abschluß des Ehrenhofs.

SERRANT

Ansicht der Rückseite.

Die jüngste Entdeckung eines Vertrages vom 14. November 1539 über Zimmermannsarbeiten für Serrant datiert, entgegen früherer Annahmen, den Baubeginn auf vor 1550. Dominique Letellier, der ihn entdeckt hat, setzte uns über diesen noch unveröffentlichten Vertrag in Kenntnis. Darin beauftragte Felix de Brye in Vertretung seines Bruders Péan de Brye, des Herrn von Serrant, den Zimmermann André Cousin, den von zwei Türmen eingerahmten Corps de Logis* mit zentralem Treppenpavillon einzudecken. Der Baumeister Jean de Lespine testierte den Vertrag. Er war bereits Werkmeister in

Angers und könnte der Architekt des damals in der Fertigstellung begriffenen Bauwerks sein. 1636 erwarb Guillaume de Bautru die Grundherrschaft. Im 17. Jahrhundert wurden die Seitenflügel im typischen Stil der Loireschlösser von Franz I. fertiggestellt. Die Kapelle im rechten Flügel ist zweifellos Jules Hardouin-Mansart zuzuschreiben. In ihr steht das Grabmal des Marquis de Baubrun, der 1675 in der Schlacht von Altenheim fiel. Seine Witwe beauftragte 1677 den Maler Charles Le Brun mit den Skizzen zu dem Grabmal, nach denen es die Bildhauer Collignon und Coysevox ausführten.

Blick auf die Eingangsseite. Zu sehen sind das Portal und zwei kleine Pavillons; der Corps de Logis und die zwei Flügel zum Hof hin sowie einer der runden Ecktürme.

Das Geländer der großen Treppe im ersten Stockwerk. Die Türe (Ausschnitt auf der rechten Seite) öffnet sich auf einen zentralen Raum hin, der heute als Salon gilt.

Die Herzogin von Berry in Serrant

Die Witwe des ermordeten Herzogs von Berry war die Schwiegertochter Karls X. und Mutter des Thronfolgers, des Herzogs von Bordeaux. Sie verfocht glühend die Sache der Legitimisten. Sie wurde im monarchistischen Anjou begeistert empfangen, so am 16. Juni 1828 in Serrant:

„Ein Triumphbogen bildete den Eingang zum Park. Als der Wagen mit der Prinzessin diesen Bogen passierte, regnete es Rosen für die französische Prinzessin. Hundert als kleine Heinrichs IV. verkleidete Jungen streuten die Blumen aus. Es war ein zauberhafter Anblick: Die Sonne schien, und Rufe wie 'Es lebe der König, es lebe die Prinzessin, es lebe der Herzog von Bordeaux' wurden laut. Die Hochrufe wurden von Militärmusik untermalt. In der Ferne waren die mit Lilien verzierten Banner auf den hohen Türmen zu sehen. Kanonenschüsse donnerten inmitten des Jubelgeschreis. Jeder Baum trug eine Flagge, und auf jeder Flagge war ein Wahlspruch zu lesen. Überall verbreitete sich helle Freude."

Vicomte Walsh, *Erinnerungen*, 19. Jahrhundert.

Im großen Salon: Tapisserien aus Brüssel (17. Jahrhundert) und ein Ebenholzschränkchen, ein Werk von Jean Macé aus dem 17. Jahrhundert.

Sully-sur-Loire

Schloss Sully wurde durch Maximilien de Béthune, Minister Heinrichs IV., bekannt., der 1602 die Grundherrschaft erwarb, welche 1606 für ihn zum Herzogtum erhoben wurde. Aber das Schloß ist nicht nur wegen dieser Titel bedeutend: Sein „Donjon" wurde gegen Ende des 14. Jahrhunderts von Raymond du Temple, dem Architekten des unter Karl V. entstandenen Louvre, im Auftrag von Guy V. de La Trémoïlle errichtet, der 1382 die Schloßerbin geheiratet hatte.

Guy de La Trémoille, Großkämmerer des Herzogs de Bourgogne, ließ mit diesem Donjon* einen Prestigebau erstellen, der ausschließlich für Empfänge vorgesehen war. Der Komplex bestand außer aus dem Donjon* oder *Grand Châteaux* aus dem *Petit Châteaux*, der Residenz des Grundherrn, einem Wirtschaftshof mit einem älteren Donjon, der für Philipp II. August errichtet worden war, als er die Grundherrschaft an sich brachte, und einem Stift, das Béthune in die Stadt verlegte. Um das Schloß vor dem Hochwasser zu schützen, ließ er es mit einem noch erhaltenen Kanal umziehen.

Im Vordergrund das Grand Châteaux, *zu Unrecht „Donjon" genannt, dahinter (rechts) das* Petit Châteaux.

Talcy

OBEN:
Der Hof und die Galerie zum Hof.

RECHTE SEITE:
Das Torhaus.

Bernard Salviati, ein Kaufmann im Dienst Franz I., erwarb 1517 die Grundherrschaft vom Erben der Familie Simon und ließ ein Schlößchen im Stil des 15. Jahrhunderts erbauen. 1520 erhielt er die Erlaubnis, ein „festes Haus“ zu errichten, durfte sich aber weder Burgherr nennen noch eine Leibgarde aufstellen. Befestigungen waren inmitten des Königsreichs zu Beginn des Jahrhunderts nur noch ein Vorwand, um den Adelsstatus sichtbar zu machen. Salviati, ein Verwandter der Medici in Florenz, machte von der Erlaubnis keinen Gebrauch und beließ das Schloß im Zustand von 1517. Vielleicht zog er auch der weder der Zeit noch seinem Kaufmannsstand gemäßen Burg ein etwas altväterliches Gebäude vor, das Assoziationen zum Bürgertum und zur Loire hervorrief. Seine Tochter war die *Cassandre* der Liebesgedichte von Pierre de Ronsard, seine Enkelin Diane de Talcy war mit dem Schriftsteller Agrippa d'Aubigné befreundet.

OBEN:
Der Salon.

RECHTE SEITE:
Die Kelter.

Die Geliebten von Agrippa d'Aubigné und Pierre de Ronsard

Die erste Garde (der Dichter) traf sich am Ende der Regierung König Franz I. und der Regierung Heinrich II. und wählte als ihr Haupt Herrn Ronsard, den ich gut kannte, da ich es im Alter von 20 Jahren gewagt hatte, ihm einige Stücke zu zeigen ... Unsere Bekanntschaft vertiefte sich, als meine Liebe auf Diane de Talcy fiel, die Nichte von Mademoiselle de Pré, die seine Cassandre gewesen war (Cassandre, die Tochter von Bernard Salviati, heiratet den Herrn von Pray ein Jahr nach ihrer Begegung mit Ronsard). Ich gestehe Ihnen und denen, die diesen überragenden Dichter lesen und wiederlesen: Er war es, der die Fallstricke durchschnitt, die Frankreichs Sprache lähmten.

Agrippa d'Aubigné, *Briefe.*
Korrespondenz über die Dichter seiner Zeit

„Wenn diese schönen Augen beschließen, daß ich sterbe
Bevor mich meine Tage dazu verurteilen,
Und die Parze meine Schritte führt
Hinüber auf das andere Ufer des besten Flusses,

Höhlen und ihr Wälder, zu dieser Stunde
Beweint ihr mein Leid, verachtet mich nicht;
Nehmt mich auf in den Schatten eurer Arme,
dieser ewigen und friedlichen Zuflucht.

Es könnte sein, daß ein verliebter Dichter
In Mitleid mit meinem unglücklichen Scheiden
In eine Zypresse dieses Epigramm schnitzt:

Hier ruht ein Liebender aus dem Vendôme,
Der Schmerz tötete ihn in diesem Wald,
Da er die schönen Augen seiner Dame zu sehr liebte."

Pierre de Ronsard, *Les Amours de Cassandre.*

Ussé

Der Flügel mit dem Eingang.

Das Schloß wurde von der in der Region sehr bedeutenden Familie de Bueil und der Familie d'Espinay erbaut, die es 1485 erwarb.

Vermutlich hat Jean V. de Bueil (1477 verstorben) mit dem Bau begonnen. Sein Sohn Antoine, vermählt mit Jeanne de Valois, der unehelichen Tochter Karls VII., und der spätere Eigentümer Jacques d'Espinay, Kammerherr unter Ludwig XI. und Karl VIII. (1523 verstorben), haben den Hauptteil der Anlage errichtet. Charles, der Sohn des letzteren, vollendete den Bau; er starb 1535.

Die Gebäude schlossen ursprünglich einen großen Hof ein. Im 17. Jahrhundert wurde der Flügel zur Indre abgebrochen, um den Hof zu öffnen. Außerhalb des Hofs befinden sich der Donjon* und die Stiftskirche. Letztere wurde 1520 für Charles d`Espinay und seine Frau Lucrèce de Pons errichtet, deren Initialen „C“ und „L“ noch an verschiedenen Stellen zu sehen sind. Viele der großen Loireschlösser, die Mitte des 15. oder zu Beginn des 16. Jahrhunderts gegründet wurden, verfügten über eine eigene Stiftskirche,

Das Innere des Hofs. Auf der linken Seite liegt der Flügel mit dem Eingang.

die, anders als die eigentliche Schloßkapelle, den Stiftsherren des vom Gutsherren unterhaltenen Kapitels vorbehalten war. Das Portal der Stiftskirche von Ussé ist charakteristisch für die zeitgenössische Gestaltung dieser Bauten: eine Türe und ein großes Fenster werden von einem einzigen Rahmen umfangen. Formen der Spätgotik vermischen sich hier mit Elementen der italienischen Renaissance die im restlichen Schloß kaum zu finden sind.

Die Familie Bernin de Valentinay, die Ussé im Jahr 1659 erwarb, öffnete den Hof und legte einen neuen Corps de Logis* an,

Blick von Indre aus.
In der Mitte der Hof, der im 17. Jahrhundert zum Fluß hin geöffnet wurde. Rechts der neue Trakt, der im Zuge dieser Umgestaltung angelegt wurde. Dahinter der Donjon.*

OBEN UND RECHTE SEITE:
Die Stiftskirche.
Detail der Eingangstüre und Blick auf die Gesamtanlage.

der in derselben Flucht wie der abgerissene Flügel lag und Aussicht auf den Fluß bot. Da Louis II. de Valentinay die Tochter des Festungsarchitekten Sébastien de Vauban geehelicht hatte, wird diesem die Bauleitung im 17. Jahrhundert zugeschrieben. Wahrscheinlich hatte sie aber der Abt von Saint-Hilarion, der Vetter des Eigentümers, inne, der auch die große Treppe bauen ließ.

Die Gräfin de La Rochejaquelein, in deren Besitz sich Ussé von 1829 bis 1883 befand, veranlaßte umfassende Anbauten und Restaurierungsarbeiten.

Valençay

OBEN: *Der Eingangspavillon.*

RECHTE SEITE: *Die Galerie am Eingangspavillon.*

Von dem Schloß, das einst einen rechteckigen Hof umgab, stehen nur noch der Eingangsflügel und der Wohntrakt. Louis d'Estampes, Gouverneur und Vogt von Blois, ließ zwischen 1520 und 1530 den mächtigen Rundturm errichten, der die beiden Gebäude verbindet. Er erinnert an die zeitgleichen Türme in Chambord, wurde aber später mit einem Zwiebeldach gedeckt. Die weiteren Bauten gingen von diesem Turm aus.

Der große Eingangspavillon*, der die Mitte des Flügels bezeichnet, trägt das Datum 1599. Er wurde für Jean d'Estampes erbaut, der 1578 die reiche Erbin Sara d'Happlaincourt heiratete. Dieser monumentale und ungewöhnliche Bau zeigt, daß der Loirestil noch zu Beginn des 17. Jahrhunderts fortbestand. Die Eigentümer versuchten, die stilistische Einheit auch beim Corps de Logis* zu wahren. Ein Teil davon entstand zusammen mit dem Eckturm, fertiggestellt wurde er im selben Stil um 1650 für Dominique d'Estampes, den ersten Marquis von Valençay. Gleiches läßt sich an dem großen Rundturm beobachten, der den Corps de Logis als Gegenstück zum alten Turm abschließt. Er wurde 1767 für den Generalpächter Legendre de Villemorien errichtet, der den Architekten Joseph Abel Couture beauftragte, nach außen die Illusion eines Schlosses des 16. Jahrhunderts zu vollenden. Die Hoffassade ließ er aber in dem „modernen" Stil gestalten, der in den letzten Jahren der Herrschaft Ludwigs XV. verbreitet war und als „Louis-seize" bekannt wurde. 1803 wurde Talleyrand Eigentümer von Valençay.

Gesamtansicht des Flügels mit dem in der Mitte gelegenen Eingangspavillon.

NEBENSTEHEND:
Der Winkel zwischen dem Flügel aus dem 16. Jahrhundert (rechts) und dem 18. Jahrhundert (links).

RECHTE SEITE:
Der Salon im Flügel aus dem 18. Jahrhundert.

Napoleon überträgt Talleyrand, dem Eigentümer von Valençay, die Bewachung der entthronten spanischen Bourbonen

„Der Prinz von Asturien, der Infant Don Antonio, sein Onkel, der Infant Don Carlos, sein Bruder ... werden am Mittwoch in Valençay sein. Ihr seid Dienstag abend dort ... Ich wünsche, daß die Prinzen ohne alles Aufsehen, aber ehrenhaft und aufmerksam aufgenommen werden, und daß Ihr alles unternehmt, um sie gut zu unterhalten ... Ihr könnt Madame de Talleyrand und vier oder fünf Damen mitbringen. Wenn sich der Prinz von Asturien für eine hübsche Frau interessieren würde, wäre das nicht ungelegen, vor allem, wenn sie zuverlässig ist ... Euer Auftrag ist sehr ehrenvoll: Drei illustre Personen aufzunehmen und sie zu unterhalten, ist ganz mit dem Charakter der Nation und Eurem Rang zu vereinbaren."

Verdelles

Der Treppenturm (Mitte) und der rechte Turm haben unregelmäßige Grundrisse, da sie an die Umfassungsmauer angebaut wurden. Der linke Turm zeugt von dem Versuch, das Ensemble regelmäßiger zu gestalten.

Im Januar 1491 machte Hardouin de Maillé seinem Vasallen Colas Leclerc den Prozeß, da dieser „in Verdelles eine Burg oder Festung erbauen ließ, wozu der nicht berechtigt ist, da er kein Burggraf ist“. Der Lehnsherr forderte die Zerstörung der „Burg und Festung“. Das Urteil fiel 1494 zugunsten von Leclerc aus, da er Briefe Hardouins de Maillé vorzeigen konnte, in denen dieser ihm gestattete, die Gebäude nach Gutdünken zu gestalten. Das Schloß geht, zumindest teilweise, auf diesen gegen Ende des 15. Jahrhunderts entstandenen Bau zurück.

Die „Burg und Festung“ besteht aus einem quadratischen Haupttrakt mit vier Ecktürmen. Die beiden linken Ecktürme sind quadratisch und haben Pechnasen*, die beiden rechten sind polygonal; im vorderen befindet sich das Haupttor, das zu der großen Wendeltreppe führt. Die Höfe, Vorhöfe und Gräben, die im allgemeinen zu einer spätmittelalterlichen Anlage gehören, sind heute verfallen. Die Deutung der erhaltenen Bauten ist schwierig, da der Trakt mit seinen Türmen nicht so homogen ist, wie es gerne dargestellt wird.

Der Hauptbau und die linken Türme zeugen von dem Versuch, ein rechtwinkliges Schloß mit vier Türmen entsprechend dem quadratischen Haupttrakt regelmäßig zu gestalten. Wahrscheinlich war die Anlage aber einst gleichmäßiger, als es heute scheint. Das Gelände hat sich im Laufe der Zeit abgeflacht, so daß die quadratischen Türme jetzt unterschiedlich hoch erscheinen. Diese quadratischen Türme mit Pechnasen und flachem Abschluß, scheinen zwar aus dem späten 15. Jahrhundert zu stammen, doch sie unterscheiden sich in nichts von den hohen Pavillons des 16. und 17. Jahrhunderts.

Auch die polygonalen Türme sind nicht eindeutig zu datieren. Der Treppenturm zeigt deutlich den Einfluß der späten Flamboyantgotik*, der nicht später als in den Anfang des 16. Jahrhunderts gesetzt werden kann und sich im ganzen Schloß, auf Türen, Fenstern und Kaminen mit Ausnahme des rückwärtigen Polygonturms wiederfindet. Das Polygon des Treppenturms ist regelmäßig bis auf eine abgestumpfte Ecke: Hier schloß eine Kurtine* der Umfassungsmauer an. Der rückwärtige Polygonturm, eine mächtige, fast fensterlose Steinmasse auf einem ungleichmäßigen Fünfeck als Grundriß, stammt aus unruhigen Zeiten und entstand vielleicht während der Religionskriege. Verdelles gehörte bis zur Französischen Revolution der einflußreichen Familie Leclerc de Juigné, die von der Familie Colas abstammte. Durch seine Lage an der benachbarten Vègre, einem Nebenfluß der Sarthe, zählt es noch zur Familie der Loireschlösser.

VILLANDRY

1533 ewarb Jean Breton oder Le Breton die kleine Burg Colombiers. Er ließ sie fast völlig abreißen und eine neue Anlage errichten, die er nach einem seiner Lehnsgüter „Villandry" nannte. Breton, *Général des Finances* der Grafschaft Blois, wurde im selben Jahr zum Kriegsrat ernannt: Sein Schloß Villesavin in der Nähe von Blois entsprach jetzt nicht mehr seinem Rang. Colombiers ließ er aber nicht völlig einebnen, sondern behielt einen Turm zwischen Corps de Logis* und rechtem Flügel bei. Letzterer stand mit Sicherheit auf den Fundamenten des Vorgängers und hatte auch dessen Unregelmäßigkeiten übernommen. Zwar wurden im Ancien Régime alte Fundamente oft wiederverwendet, doch man kaschierte diese Sparmaßnahme. Alte Türme aber ließ man stehen, um die Altehrwürdigkeit des Ortes zu demonstrieren.

Seit 1526 residierte der Hof meist in der Île-de-France. Villandry ist ein Schloß der Spätzeit, das immer noch den Stil der Loireschlösser von 1510/1520 widerspiegelt, aber vermutlich auch schon die Einflüsse der Île-de-France zeigt. Diesen sind die beiden Pavillons* am Ende der Seitenflügel zuzurechnen, die an der Loire nicht zu finden sind. Bei der Datierung dieser Pavillons ist jedoch Vorsicht geboten, da sie sicher umgebaut wurden, als man die Mauer, die den Hof abschloß, abbrach.

Dieser Eingriff, der die Aussicht vom Corps de Logis öffnete, ist typisch für den

Im Hintergrund das Schloß. Die Außenfassade des Renaissanceflügels grenzt rechts an den Hof. Die Türme im Eck sind Überreste einer alten Anlage.

OBEN:
Die Hofseite: rechts im Winkel die Überreste der alten Anlage.

RECHTE SEITE:
Im 19. Jahrhundert wurden die Gärten nach Vorlagen des 16. Jahrhunderts rekonstruiert.

Umbau zahlreicher Renaissanceschlösser im 17. und 18. Jahrhundert. Er wurde im Auftrag von Michel-Ange de Castellane vorgenommen, der Villandry 1754 erwarb und bedeutende Umbauten vornahm. Doktor Carvallo, Eigentümer ab 1906, ließ diese Veränderungen teilweise wieder rückgängig machen, um den Originalzustand wieder herzustellen. Bei solchen Unternehmen wird regelmäßig die Authentizität des ganzen Bestandes angezweifelt. Trotzdem blieb die Prunktreppe aus dem 18. Jahrhundert verschont — die Treppe des 16. Jahrhunderts wurde jedoch nicht wieder aufgebaut. Carvallo verdanken wir vor allem die Wiederherstellung der Gärten, für die Villandry einst berühmt war und ist. Die Gartenanlagen waren bereits im 16. Jahrhundert bekannt. Die Rekonstruktion erfolgte nach verschiedenen Kupferstichen und vor allem nach den Gartenplänen in *Les plus excellents bastiments de France* (1576 – 1579) von Jacques Androuet Du Cerceau.

VILLEGONGIS

NEBENSTEHEND:
Die Außenfassade liegt der Hoffassade gegenüber. An der Aufteilung der Mauerjoche ahnt man die Position der Treppe.

RECHTE SEITE:
Oberer Teil eines Turm und der Schornstein eines Kamins.

Der Corps de Logis* mit zwei mächtigen Rundtürmen wurde um 1530 für Jacques de Brizay, Generalleutnant der Bourgogne, und Avoye de Chabannes, die mütterlicherseits von den Bourbonen abstammte, errichtet. Nach den eingefügten Jahreszahlen wurde das Dekor der Türme 1536 und 1538 fertiggestellt.

Der ursprüngliche Plan sah zu beiden Seiten des Hofs Galerieflügel vor, die aber im 16. Jahrhundert vermutlich nicht mehr ausgeführt wurden. Einige wenige Spuren solcher Flügel stammen aus dem 18. Jahrhundert.

Die gegenläufige Treppe*, deren obere Teile ebenfalls nicht mehr vorhanden sind, steht in einer Reihe mit den fortschrittlichen Renaissanceschlössern. Das Dekor und die massiven Türme von Schloß Villegongis weisen jedoch eine Verbindung zu Chambord auf. Angesichts solcher Stilmerkmale gehört das Schloß vom Rande des Zentralmassivs noch zur Familie der Loireschlösser.

VILLESAVIN

OBEN:
Die der Hoffassade gegenüberliegende Außenfassade.

RECHTE SEITE:
Ein Detail dieser Fassade.

Das Schloß wurde zwischen 1527 und 1537 für Jean Breton, auch le Breton genannt, erbaut. Er war Finanzsekretär und beschloß als Oberster Kriegsrat unter Franz I. seine Karriere.

Die Ornamentik stammt mit Sicherheit aus diesen Jahren, aber der Kernbau könnte auch durchaus 50 oder 100 Jahre später entstanden sein. Die regelmäßige, symmetrische Anlage des Ehrenhofs, den rechts und links der Wirtschaftshof und die Stallungen einfassen, der eingeschossige Haupttrakt, auf dem nur der hohe Dachboden sitzt, und die kleinen an den Ehrenhof grenzenden

ICI VIT AUTREFOIS NAITRE VILLESAV
QUI BIEN QU AYANT SUBI des ANS le LONG OUTRA
BEUVRON le CHAMPETRE RIVAGE
BATI en 1537 par N. LEBRETON SIEUR DE VILLAND
SECRETAIRE FINANCES DU ROI FRANCOIS
LAIS DES VALOIS

Eckpavillons — all dies scheint nicht in die angebliche Entstehungszeit zu passen. Um die Datierung zu stützen, wird stets ein Vergleich mit Villandry, einem weiteren Schloß von Breton, angestellt. Tatsächlich finden sich auch hier die neuen Pavillons*, doch sind sie ganz anders proportioniert. Falls Villesavin wirklich um 1530 entstanden ist, folgten noch weitere Bauabschnitte nach.

Die Modernisierung fand vielleicht erst nach 1540 statt, als die ersten französischen Übersetzungen von Serlios Architekturtraktaten erschienen. Serlios Bücher und Zeichnungen hatten großen Einfluß in Frankreich,

OBEN:
Die Gebäude des Hofes.

LINKE SEITE:
Der zentrale Vorbau des Corps de Logis an der hofseitigen Fassade.

NEBENSTEHEND:
Die Geißelung Christi.

RECHTE SEITE:
Kapelle mit Malereien aus dem Umfeld der Schule von Fontainebleau (Anfang 17. Jahrhundert).

da der italienische Architekt versuchte, die geometrische Regelmäßigkeit, die charakteristisch für die italienischen Grundrisse ist, mit dem Komfort der französischen Raumgliederung zu verbinden. Der Vorbau in der Mitte der hofseitigen Fassade des Wohntrakts ist ein Anbau aus dem 19. Jahrhundert.

Glossar

Bruchstein.
Rohe Steine, die im Gegensatz zu behauenen Werksteinen so verwendet werden, wie sie aus dem Steinbruch kommen.

Corps de logis
Der mittlere Haupttrakt, das „Wohnhaus" der Herrschaft, bei Schlössern des 17. und 18. Jahrhunderts.

Donjon.
(lat. *domus dominationis* = Haus der Herrschaft). Der zentrale Hauptturm besonders französischer Burgen, der dem Bergfried deutscher Burgen entspricht, aber im Gegensatz zu diesem als Wohnturm eingerichtet war.

Flamboyant
Maßwerkform der spätgotischen Baukunst in Frankreich und England, die von der dort als Flamme gedeuteten Fischblase besonders starken Gebrauch macht.

Gegenläufige Treppe.
Treppe, deren Läufe gerade und parallel verlaufen, ohne zentralen Lichtschacht.

Gesims.
Ein horizontales Bauelement, das die Außenwand in einzelne Abschnitte gliedert. Kordongesimse markieren die Grenze eines Stockwerks.

Joch.
Ein Gewölbefeld innerhalb einer Folge gleichartiger Gewölbefelder, auch Bezeichnung für den einem Gewölbeabschnitt entsprechenden Raumteil.

Kurtine.
Mauerfläche, die innerhalb einer Burg oder Festung zwischen zwei Türmen oder zwei Gebäuden aufragt.

Laterne.
Lichteinlassender Aufsatz eines Gebäudes, meist bei Kuppeln oder Treppenhausabschlüssen.

Lichtgaden.
Abfolge von (Fenster-)Öffnungen, die ganz oder teilweise Bestandteil der Mauer sind.

Lukarne.
Großes Dachfenster, das als geschoßhoher Ausbau an der Hausflucht vortritt. L. sind wesentliches Element der französischen Schloßbaukunst der Spätgotik und der Renaissance.

Pavillon.
Kleiner freistehender oder mit einem Schloß durch eine Galerie verbundener oder vorspringender Baukörper.

Pechnase.
Auch Maschikulis genannte Ausgußöffnungen für Pech und Schwefel zwischen den Konsolen des vorkragenden Wehrganges einer Burg (Pechnasenkranz).

Pilaster.
Ein aus der Wand tretender flacher Pfeiler, der wie eine Säule in Basis, Schaft und Kapitell gegliedert ist. Pilaster dienen zur Verstärkung und Gliederung der Mauer.

Priant.
(franz. *prier* = beten) P. sind Darstellungen eines Stifters oder Verstorbenen, der betend kniet. Sie schmücken Grabmäler und Epitaphe.

Schlußstein.
Stein, der im Scheitelpunkt eines Bogens oder am Kreuzungspunkt der Gewölberippen sitzt. In Profanbauten oft in Form einer Wappenplatte oder mit aufwendigen Ornamenten geschmückt.

Supraporte.
(ital. über der Tür) das über einer Tür befindliche Wandfeld, vor allem im Barock mit einem Gemälde versehen, das dann selbst als S. bezeichnet wird.

Tympanon.
Fläche über einem Portal innerhalb des Bogenfeldes.

Bibliographie

Albrecht, Uwe
Von der Burg zum Schloß. Die französische Schloßbaukunst des Spätmittelalters. Worms, 1986.

Androuet Du Cerceau, Jacques
Les plus excellents bastiments de France, 1576-1579. Reprint, Paris, 1988. Eingeleitet und mit Anmerkungen versehen von David Thomson.

Gebelin, François
Les châteaux de la Renaissance. Paris, 1927.

Gebelin, François
Les châteaux de la Loire. Paris, 1957.

Guide du Patrimoine en région Centre. Paris, 1992, herausgegeben von J.-M. Pérouse de Montclos.

Guillaume, Jean
La galerie du Grand Écuyer. L'histoire de Troie au château d'Orion. Chauray, 1996.

Melot, Michel
Châteaux en pays de Loire. Architecture et pouvoir. Paris, 1988.

Pérouse de Montclos, Jean-Marie
Histoire de l'architecture française. De la Renaissance à la Révolution. Paris, 1989.

Prinz, Wolfram und Kecks, Ronald G.
Das französische Schloß der Renaissance. Berlin, 1985.